Anneliese Rohrer

Ende des Gehorsams

Anneliese Rohrer

Ende des Gehorsams

braumüller

Bibliografische Information der Deutschen Nationalbibliothek
Die Deutsche Nationalbibliothek verzeichnet diese Publikation in der
Deutschen Nationalbibliografie; detaillierte bibliografische Daten
sind im Internet über http://dnb.d-nb.de abrufbar.

Printed in Austria

3. Auflage 2011
© 2011 by Braumüller GmbH
Servitengasse 5, A-1090 Wien
www.braumueller.at

Druck: Ferdinand Berger & Söhne Ges.m.b.H., A-3580 Horn
ISBN: 978-3-99100-061-7

Was Journalismus sei, dafür gab es im Lauf der Geschichte viele Definitionen – spöttische, anerkennende, euphorische. Karl Kraus, der große Spötter und Lieblingsfeind der „Neuen Freien Presse", wurde mit der seinen berühmt: „Keinen Gedanken haben und ihn ausdrücken können – das macht den Journalisten." Auf Anneliese Rohrer und ihr journalistisches Werk trifft sie nicht zu – vielleicht auch nur, weil Ausnahmen die Regel bestätigen. Worum es in diesem Buch vor allem geht, das beschrieb der britische Publizist Hugh Carleton Greene: „Nennen Sie mir ein Land, in dem Journalisten und Politiker sich vertragen, und ich sage Ihnen, da ist keine Demokratie."

Tatsächlich lässt sich das demokratiepolitische Niveau, das in einer Gesellschaft herrscht, wohl wesentlich danach bestimmen, wie sich das Verhältnis zwischen Politikern und Journalisten gestaltet. Max Weber hat darüber in seinem berühmten Vortrag „Politik als Beruf" Bleibendes gesagt. Und Anneliese Rohrer, die Autorin dieses Essays, hat den vielen jungen Kolleginnen und Kollegen, die sie während ihrer Zeit als „Presse"-Politikjournalistin ausgebildet und begleitet hat, eine Journalismus-Definition geliefert, die es getrost mit jenen großer literarischer Vorbilder aufnehmen kann: Die Aufgabe des Journalisten, sagt sie immer wieder, besteht darin, dafür zu sorgen, dass die Bürger nicht für dumm verkauft werden.

Eine Aufgabe, die nicht einfacher geworden ist in einem Land, in dem sich die Politik in ihrem Versuch, die Bürger für dumm zu verkaufen, aus Tradition auf jene verlassen kann, die das eigentlich verhindern sollten: auf die Medien. Es darf einen deshalb nicht wundern, dass die neue Mode der „Politikerbeschimpfung" als Ziel der Empörung nicht nur „die Politik", sondern eben auch „die Medien" hat. Immer mehr Menschen haben nicht nur den Eindruck, dass die Politik ihre Rolle nicht mehr erfüllen kann oder will, sie haben auch ein immer schärferes Bewusstsein für die Dysfunktionalität unseres Medienwesens. Wenn über ein abgewirtschaftetes „Establishment" geschimpft wird, dann werden die Medien als Teil dieses Establishments verstanden. Und zwar aus guten Gründen.

Der oft unbestimmte, in seiner Dynamik offensichtlich unaufhaltsame Zorn der Bürger, die sich für dumm verkauft fühlen, hört seit einiger Zeit auf einen Namen: „Wutbürgertum". Geprägt wurde er im Zuge des Anrainerwiderstandes gegen das Bahnhofs-Bauprojekt „Stuttgart 21". Seinen intellektuellen Unterbau erhielt er durch den unerwarteten Erfolg einer kleinen Schrift („Empört Euch!") des greisen französischen Diplomaten Stéphane Hessel. In beiden Quellen spiegelt sich die Problematik der neuen Bewegung: Sie beschränkt sich über weite Strecken auf die Gestaltung des höchstpersönlichen Lebensumfeldes mit den Methoden der Verhinderung, und sie ist geprägt durch ein ziemlich oberflächliches antikapitalistisches Pathos.

Wer den Aufschrei der „Wutbürger" euphorisch begrüßt, muss sich darüber im Klaren sein, dass diese „Wutbürger" nicht selten nach Lösungen rufen, die

eigentlich das Problem sind. Unter den „Wutbürgern"
gibt es vermutlich eine strukturelle Mehrheit von Menschen, die sich nicht gegen die unhaltbaren Pensions-
versprechungen der Politik wenden, sondern dagegen,
dass diese Versprechen nicht eingehalten werden, koste es
– die kommende Generation –, was es wolle.

Einen anderen ambivalenten Aspekt des neuen „Wut-
bürgertums" hat Anneliese Rohrer am eigenen Leib zu
spüren bekommen: Ihre Einladung zu einem „Wutbür-
gerstammtisch" wurde euphorisch aufgenommen. Rohrer
musste aber bald realisieren, dass sich da nicht Bürger
eingefunden hatten, die etwas gegen die Dinge, die sie in
Wut versetzen, unternehmen wollen. Sie erwarten sich,
dass andere etwas unternehmen, und zwar ausgerechnet
das „Establishment". In diesem Fall die prominente Jour-
nalistin: „Sie haben ja so recht – tun Sie was!"

Hier kommt der Begriff ins Spiel, der sich als roter
Faden durch Rohrers Essay zieht: der Gehorsam. Die
Unzufriedenheit über die herrschenden Autoritäten führt
in diesem Land nicht zum Nachdenken über deren Legitimität und alternative Organisationsformen von Gesellschaft, sondern zum Wunsch nach anderen Autoritäten.
Nacheilende Wut und vorauseilender Gehorsam liefern
sich in Österreich seit jeher ein Hase-und-Igel-Wettren-
nen, in dem der Gehorsam immer schon im Ziel ist, noch
ehe die Wut so richtig in Fahrt gekommen ist.

Unter den Erscheinungsformen des Gehorsams ist der
vorauseilende die schlimmste. Sie spielt auch in der Ent-
stehungsgeschichte dieses Buches eine Rolle: Es war nicht
leicht, einen Verlag dafür zu finden. Man wollte es sich

offensichtlich nicht mit den Akteuren verscherzen, deren Wirken Anneliese Rohrer in gewohnter Geradlinigkeit, aber ohne jede unangemessene Polemik untersucht. Einen aussagekräftigeren Beleg für ihre Grundthese hätte sich die Autorin nicht wünschen können.

Michael Fleischhacker
Chefredakteur, Die Presse

Verkehrte Welt. Ausgangspunkt für dieses Buch war „der Feind in uns", also die Überlegung, dass die Demokratie österreichischer Prägung nicht vom wachsenden Islamismus bedroht wird, sondern von Innen her durch Fahrlässigkeit und Unachtsamkeit, durch mangelnden Respekt vor den Institutionen und mangelnder Sorgfalt im Umgang mit diesen.

Und dann brach der Freiheitsaufstand in Nordafrika aus und der „Arabische Frühling". Skepsis über die langfristigen Folgen für die Region und die internationale Gemeinschaft ist durchaus angebracht, aber jene 18 Tage im Jänner und Februar 2011 in Ägypten, in denen sich die Massen dort als erste Würde und Freiheit am Tahrir-Platz in Kairo zurückgeholt haben, waren der Beweis: Wer den Islam grundsätzlich als Gefahr für die westliche Demokratie sieht, hat eine andere, meist versteckte, Agenda. Immer geht es um den politischen Nutzen von Angst und Sicherheitsbedürfnis.

Es gibt nicht einen einzigen Aspekt, in dem sich Österreich mit Nordafrika und dem arabischen Raum vergleichen ließe. Dennoch macht es sehr nachdenklich, dass anderswo mit ungeheurem Risiko und mitreißender Begeisterung wenigstens die Hoffnung auf ein demokratisches System erzwungen werden soll, während man sich in Österreich Gedanken und Sorgen über die Festigkeit dieses Systems und darüber machen muss, welchen Schaden Indifferenz und Passivität anrichten könnten.

Also geht der Blick von der kleinen österreichischen Welt auf die große Gefahr für die Demokratie in die falsche Richtung. Wir fürchten die Bedrohung von außen und sehen sie im eigenen Haus nicht. Diese Annahme liegt der vorliegenden Bestandsaufnahme, der Analyse und den Schlussfolgerungen zugrunde.

Es soll kein „bequemes" Buch sein. Kriechen vor Autoritäten und ein aufrechter Gang sind sich einander ausschließende Bewegungsabläufe. Darüber wird es wohl keinen Zweifel geben; über die Gleichgültigkeit, mit der sich die Mehrheit der Österreicher im öffentlichen Raum bewegt, wahrscheinlich auch nicht; über ihren Hang zum Gehorsam, den vorauseilenden vor allem, ehrlicherweise auch nicht.

Auf Ablehnung könnte die Grundthese stoßen, dass Schluss sein muss mit den faulen Ausreden und den ewigen Erörterungen, warum „man eh nichts machen kann"; dass Gehorsam „gestern" war und sich die Bevölkerung individuell und kollektiv nicht mehr vor ihrer ureigensten Verantwortung um Lebendigkeit oder Absterben der Demokratie drücken darf.

Sein demokratisches System als Selbstverständlichkeit anzusehen, wäre ein wirklich fataler Fehler jeder westlichen Gesellschaft. In diesem Sinn wäre Österreich seit einigen Jahren ein Wiederholungstäter. Wann immer im kleinen Kreis oder vor größerem Publikum von der Einmischung in die eigenen Angelegenheiten die Rede ist, begegnet man leeren Blicken, sieht Gesichter vor sich, die völlige Verständnislosigkeit widerspiegeln.

Dann stellt sich immer wieder dieselbe Frage: Warum ist es so schwierig, vielen Österreichern den Zusammenhang zwischen ihrem eigenen Verhalten und dem allgemeinen Zustand der Republik zu vermitteln? Warum ist es so mühsam, in diesem kleinen und wohl auch feinen Land, dessen Probleme so überschaubar und im Vergleich zu anderen Staaten so gering sind, zu Lösungen zu kommen?

Es bieten sich Antworten an, die alle für sich genommen unbefriedigend sein müssen, in ihrer Gesamtheit aber doch zu einer gültigen Erklärung führen. Da ist einmal der Hang vieler Österreicher, die Schuld für individuelle und / oder gesellschaftspolitische Defizite immer bei anderen zu suchen. Und da ist die Neigung zum Vergleich mit anderen Staaten, der in ihren Augen zwangsläufig Österreich immer besser abschneiden lässt, gleichgültig wie unvergleichbar die Verhältnisse und Rahmenbedingungen sind. Und da ist schließlich eine schwache Identifikation eines Gutteils der Bevölkerung mit dem Staat an sich.

Der Philosoph Rudolph Burger hat es im Oktober 2010 in einem Interview mit der „Kleinen Zeitung" so formuliert: „Ich glaube, dass in diesem Land tendenziell niemand mehr weiß, was ein Staat ist. Dass ein Staat Grenzen hat. Schon das Wort Staatsräson in Österreich in den Mund zu nehmen, ist in Österreich unmöglich […] Das hat viel mit der Geschichte zu tun, damit, dass Österreich eine verspätete Nation zum Quadrat ist. Die junge Republik ist aus Ländern entstanden, die zum Teil gar nicht zu Österreich wollten, sondern zu Deutschland und zur Schweiz. Als Folge war die Verfassung von 1920 ein festgefrorener Kompromiss, der den Ländern viel zu viel Macht gab. Österreich leidet bis heute darunter."

Natürlich kann man diese Wir-Schwäche und die Distanz vieler Österreicher zum Staat mit der Geschichte der ungewollten Ersten Republik, den Bürgerkriegsjahren der 30er-Jahre und den totalitären Regimen erklären. Im 21. Jahrhundert aber nimmt diese Erklärung schon die Form einer Ausrede an.

Österreich ist in den letzten Jahren in eine Situation geschlittert, die für eine entwickelte Demokratie untragbar geworden ist. Eine mögliche Antwort auf die Frage, wie dies möglich ist, wäre – und da ist durchaus ein Bezug zu Burgers These herzustellen: Die Demokratie braucht Spielregeln. Diese müssen eingehalten werden. Österreichs Spielregeln sind in der Bundesverfassung, eben jener von 1920, festgeschrieben. Wenn heute von der Verfassung die Rede ist, heißt es daher immer: Die Bundesverfassung von 1920 in der Fassung von 1929. Darin liegt schon ein Teil des Elends: Wen interessiert die österreichische Bundesverfassung? Wer kennt ihre Grundzüge über den einen Satz – „Österreich ist eine demokratische Republik, alle Macht geht vom Volk aus" – hinaus, wenn überhaupt diesen?

Weil dieses Regelwerk 1945 einfach wieder in Kraft gesetzt – anders als z. B. in Deutschland, wo das „Grundgesetz" Ergebnis einer eingehenden Debatte war –, also von einer ganz anderen Zeit übernommen wurde, fehlte die Möglichkeit der Identifizierung nach einem Neubeginn. Es ist etwas für Experten.

Es gab überhaupt keine Gelegenheit und auch keinen konkreten Anlass, die Grundregeln für den gesamten Staatsaufbau und die Spielregeln auf allen Ebenen als etwas Neues zu empfinden; als so etwas wie die Geburtsurkunde der Zweiten Republik, der modernen Demokratie. Das heißt, wir leben in totaler Distanz zu diesem Regelwerk, das eigentlich unsere Demokratie tragen sollte. Das heißt aber auch, unsere Bundesverfassung bedeutet uns nichts, ist uns im wahrsten Sinn des Wortes „nichts wert". Die Jungen haben keinen Bezug dazu, aber wahrscheinlich auch die Älteren nicht, die aktiv noch die Zeit erlebt haben, in der es diesen demokratischen Rahmen gar nicht gegeben hat. Für die Mehrheit der Österreicher ist die Bundesverfassung völlig unerheblich.

Und dennoch ist sie die Basis für unser demokratisches Gefüge. Demokratie aber verlangt Respekt, Sorgfalt und Pflege, wie es Bundespräsident Heinz Fischer, sowohl als *der* Experte seit vielen Jahren in Verfassungsfragen als auch jetzt in seiner Funktion als Hüter der Bundesverfassung, im Herbst 2010 anlässlich des 90. „Geburtstages" der österreichischen Bundesverfassung formuliert hat.

Man muss also Respekt haben? Haben unsere gewählten Repräsentanten, ja sogar der Bundespräsident selbst und die Bürger wirklich Respekt? Man muss sie pflegen? Gibt es eine Welle des Protests, wenn Politiker gegen die Verfassung verstoßen? Und wie ist das mit der Sorgfalt? Gilt als sorgfältiger Umgang, wenn über 1100 Gesetze in den Verfassungsrang gehoben werden, die meisten davon nur, um sie der Überprüfung durch den Verfassungsgerichtshof zu entziehen? So wird das Regelwerk zur unübersichtlichen und undurchschaubaren Sammlung von Bestimmungen, von denen sich der einzelne Bürger in keiner Weise betroffen fühlt. Betroffenheit der Bürger aber ist die Voraussetzung, dass sich diese überhaupt um das demokratische System kümmern, das sie – auf eigene Gefahr gewissermaßen – in einem Ausmaß für selbstverständlich halten, das schon an Illusion grenzt.

Denn alle drei Punkte – Respekt, Sorgfalt und Pflege – sind im politischen Alltag Österreichs nicht sehr ausgeprägt und werden kaum mit Leben erfüllt. Das zeigen Reaktionen immer dann, wenn von der Gefährdung des demokratischen Gefüges in Österreich die Rede ist: Da wird dann zur Selbstbestätigung gerne der Philosoph Friedrich August von Hayek zitiert: „Demokratie ist ein großes Missverständnis." Demokratie sei eine „optische Täuschung", sagen manche, während andere sie als Illusion bezeichnen. Diese Meinungen werden von Akademikern vertreten, wohlgemerkt, nicht von irgendwelchen Stammtischexperten mit autoritären Neigungen. Manche berufen sich auch auf den Gründer der Sozialdemokratischen Arbeiterpartei Österreichs, Viktor Adler: In Österreich bedeute Demokratie eben „Despotismus, gemildert durch Schlamperei".

Wirklich überraschend sollte dies nicht sein. In einer 2009 veröffentlichten Studie[1] über den Wertewandel in Österreich im Zeitraum von 1990 bis 2008 haben die Autoren „keine große Liebe der Österreicher / -innen zur Demokratie" herausgefiltert. Demnach war 2008 nur die Hälfte der Bevölkerung, also 50 %, damit zufrieden, „wie die Demokratie in Österreich funktioniert", wovon überhaupt nur vier Prozent „sehr zufrieden" waren. 35 % waren mit der österreichischen demokratischen Praxis „ziemlich", elf Prozent „sehr unzufrieden".

Neun Jahre zuvor war der Befund noch anders ausgefallen, weshalb es offensichtlich zu einem massiven Vertrauensschwund gekommen sein muss. Denn 1999 waren noch 73 % der Österreicher mit der demokratischen Praxis in ihrem Land zufrieden, immerhin sieben Prozent noch „sehr zufrieden" und nur 22 % unzufrieden. Ein Detail der Erhebung sollte Anlass zur Sorge geben: Am stärksten ist die Zufriedenheit mit der Demokratie in Österreich in jener Bevölkerungsgruppe abgefallen, die sich als Zuwanderungsgegner und im „rechten" Spektrum sieht. Hinzu kommen noch jene Menschen, die ihrer ganz persönlichen Lebenssituation nichts mehr abgewinnen können.

Eine Umfrage des IMAS-Instituts[2] aus 2010, die sehr, sehr nachdenklich stimmen sollte, zeigt, dass wir alle in diesem Haus Österreich, in diesem Staate Österreich, nicht wirklich emotional zu Hause sind: Ein Fünftel der Österreicher ist auf innerer Distanz zur Demokratie, hätte nichts gegen ein autoritäres Regime einzuwenden. Im westeuropäischen Durchschnitt liegt dieser Prozentsatz bei fünf bis sieben. In Österreich werden 20 % ausgewiesen. Also 20 % der Österreicher geben an, mit der Demokratie nicht wirklich etwas anfangen zu können und einem autoritären Regime nichts entgegensetzen zu wollen.

Zu ähnlichen Ergebnissen war die bereits erwähnte Studie über den Wertewandel gekommen, die 2009 veröffentlicht worden war: Demnach können sich 21 % der befragten Österreicher vorstellen, „eine / -n starke / -n Führer / -in" zu haben, der / die sich nicht um Parlament und Wahlen kümmern müsse. Zehn Jahre zuvor seien es „nur" 15 % gewesen. Auch die Tatsache, dass der Prozentsatz jener Befragten, die eine Militärregierung für erstrebenswert halten, von ein Prozent 1999 auf sechs Prozent angestiegen ist, wird als „Weckruf" interpretiert. Er dürfte allerdings nach der jüngsten Wehrdienstdebatte und der öffentlichen Erörterung des faktischen Zustandes des gegenwärtigen Heeres jämmerlich verhallt sein.

Die Autoren sprechen jedenfalls von einem „ernsthaften Krisensignal für die österreichische Demokratie" und davon, dass die Vertrauenskrise in Kombination mit der Kritik an der Demokratie und den „immer stärker wahrgenommenen – wenn auch theoretischen – Alternativen eine durchaus explosive Mischung" ergeben könnte.

Folgt man den Ergebnissen der Untersuchung, so landet man wieder bei der gefährlichen Kombination von

Unsicherheit, Mangel an Selbstvertrauen und Missachtung demokratischer Spielregeln: Seit 1999 habe der Zusammenhang zwischen negativem Lebensgefühl und dem Hang zu einer autoritären Alternative merklich zugenommen. Wenig überraschend ist, dass Demokratie-Skeptiker oder Vertreter einer Law-and-Order-Politik zu 60 % einen Hang zu einem autoritären Regime zeigen.

Daher können die Resultate dieser Untersuchungen als Bestätigung der Kernthese interpretiert werden: In einer bestimmten Situation, in der verschiedene Faktoren wie hohe Arbeitslosigkeit, geringes Sicherheitsgefühl mit einer eventuell realen Bedrohung von außen, schwachen politischen Institutionen und mangelnder demokratischer Kontrolle zusammenfallen, könnte auch in Österreich rasch ein Systemwandel eintreten. Die latente Bereitschaft, politische Mitbestimmung zugunsten vermeintlicher größerer wirtschaftlicher und sozialer Sicherheit aufzugeben, ist vorhanden.

Hinzu kommt noch ein gewisses Gefühl der politischen Ohnmacht. Bei der erwähnten IMAS-Umfrage haben auch 42 % angegeben, sie glauben, überhaupt keinen Einfluss auf die öffentlichen Dinge, die um sie herum passieren, zu haben. Dies scheint ein sehr hoher Anteil der Bevölkerung zu sein, wäre aber noch immer die Minderheit. Die Frage ist: Wo sind die restlichen 58 %? Wenn fast 60 % der Österreicher doch glauben, sie könnten Einfluss auf das öffentliche Geschehen nehmen, dann verbirgt die Mehrheit dieser 60 % dies aber sehr geschickt, denn bis jetzt artikuliert sich nur ein verschwindend kleiner Teil der Zivilgesellschaft nachhaltig –

und dieser muss in Kauf nehmen, als „Gutmenschen" beschimpft zu werden.

In Österreich wie anderswo im deutschen Sprachraum ist ein „Gutmensch" kein „guter Mensch" mit ehrenhaften Absichten und dem guten Willen, Probleme zu lösen und eventuell auch die Welt zu verbessern. Nein, hier ist er jemand, einzeln oder als Teil einer Gruppe, der mit versteckten Absichten dubiose Ziele verfolgt, jede Objektivität vermissen lässt und Fakten manipuliert. Deshalb wird „Gutmensch" seit mehr als zwanzig Jahren auch als Kampfbegriff der Rechten gegen die Linken verwendet.

Die Passivität der Mehrheit jener Österreicher, die dann doch an ihren eigenen Einfluss auf das öffentliche Geschehen glauben, ist mit hoher Wahrscheinlichkeit in der Angst vor den seit Jahrzehnten üblichen Zuteilungen begründet. „Rechts" oder „Links" im politischen Spektrum wird vom jeweils anderen Standpunkt aus immer herabsetzend verwendet. Die Bereitschaft, sich wegen offener Deklaration zugunsten des einen oder anderen Themas irgendwo einordnen zu lassen, was vielleicht unter bestimmten Lebensumständen zum eigenen Nachteil gereichen könnte, ist nicht sehr ausgeprägt, um nicht zu sagen, nicht vorhanden. In der Mitte ist Ruhe, ist Sicherheit.

Überdies gibt es in Österreich ganz bestimmte Faktoren und Gepflogenheiten, durch die diese Distanz zum demokratischen Geschehen, in dem der Einzelne den Respekt, die Pflege und den sorgsamen Umgang mit Demokratie nicht als seine individuelle Aufgabe versteht, mühelos aufrechterhalten werden kann.

Da ist vorrangig die Liebe zur Ablenkung zu erwähnen. Aktuell wird sie durch den ständigen Hinweis auf die Bedrohung der westlichen Demokratie durch den Islam gepflegt. So waren 2010 Medien und ihre Konsumenten sofort bereit, sich durch eine Dissertation über die Einstellung von 400 Islamlehrern an Österreichs Schulen in einen Erregungszustand versetzen zu lassen: Demnach würde jeder vierte Islamlehrer die Demokratie ablehnen, was ihn in manchen Medien umgehend zum „Feind der Demokratie" machte. In Wahrheit haben knapp 22 % von 200 Islamlehrern, die einen entsprechenden Fragebogen beantwortet haben, Demokratie als unvereinbar mit dem Islam gesehen. Das wären dann hochgerechnet auf 400 moslemische Religionslehrer gerade einmal 80 Personen. Und deshalb sollen Islam und Demokratie einander ausschließen? Wer dies in Zukunft ernsthaft behaupten will, hat entweder den „Arabischen Frühling" verschlafen oder will ihn einfach nicht wahrhaben.

Selbstverständlich ist es viel bequemer, die Gefährdung des demokratischen Systems einem Außenfeind anzulasten, als nach dem Gefährlichen in sich selbst oder im eigenen Haus zu forschen. Seit den Terroranschlägen des 11. September 2001 in New York und den Angriffen in Madrid und London gilt der Islam als Feind der westlichen Demokratie schlechthin. In vielen Ländern, so auch in Österreich, ließ sich mit diesem Feindbild zudem noch sehr viel politisches Kleingeld machen. Die Globalisierung dieser Haltung dient vielen Österreichern darüber hinaus als Rechtfertigung der Schuldzuweisung, auch wenn das Land bis jetzt vom Terror nicht direkt betroffen war. Und diese werden sich vom „Wunder von Kairo" auch in Zukunft nicht davon abhalten lassen, den Islam als weltweite Bedrohung darzustellen.

Zur Liebe für jegliche Ablenkung gesellt sich der Hang zur Schuldzuweisung an die politische Nomenklatura. Generalisierend heißt es dann: Die Politiker sind schuld an der Aushöhlung unserer Demokratie, nicht die Bürger. Die Politiker missachten und verstoßen gegen die Bundesverfassung, erschüttern somit die Basis unseres demokratischen Gefüges. Wieder bleibt eine Frage offen: Warum erregen sich Bürger nicht über jeden Bruch der Verfassung? Weil es die Sicht auf das eigene Tun erspart und eine Abschiebung der Verantwortung ermöglicht. Gewiss, in einer idealen österreichischen Welt würden keine Bundesregierung, keine Landesregierung und auch kein einzelner Funktionsträger einen Bruch des Regelwerks der Demokratie wagen. In der realen österreichischen Welt sind Verstöße hingegen gängige Praxis und werden als solche hingenommen.

Zu Ablenkung und Schuldzuweisung kommt noch die Fixierung auf Vergleiche mit anderen Ländern, die Österreich gut aussehen lassen. Wer auch immer Kritik an Zuständen hierzulande äußert, wird gewissermaßen, jedenfalls geistig, des Landes verwiesen. Man möge doch entweder zurückgehen, woher man gekommen sei, oder in Ländern leben, in denen doch alles viel schlimmer sei. Auf diese Weise erspart man sich ebenfalls jegliche Ergründung des eigenen Verhaltens. Italien? Man denke nur wie die Regierungen Silvio Berlusconis seit Jahren mit Medienfreiheit und Justiz verfahren! Ungarn? Man beachte nur die pseudo-demokratische Machtfülle der neuen Regierung Viktor Orbans, deren schamloses Mediengesetz, das zumindest – im Gegensatz zu Italien – nun wenigstens, wenn auch sehr zögerlich, die EU auf den Plan gerufen hat. Alles viel ärger als in Österreich. Das Nest darf nicht beschmutzt werden, nicht einmal mit sachlich zutreffender Kritik. Kaum jemand merkt jedoch, dass gerade diese Beispiele eine Bestätigung der These sind, wie rasch ein vom Prinzip her demokratisches System unter gewissen Umständen in eine Schieflage geraten kann. Und ausgerechnet Österreich sollte davor gefeit sein?

Im Rückspiegel der Geschichte wird sich zeigen, dass 2010 jenes Jahr war, in dem sich die Illusion nicht länger aufrechterhalten ließ, Österreich sei eine gefestigte Demokratie, immun gegen innere Gefährdung jeglicher Art; das Jahr, in dem plötzlich laut die Frage zu stellen war, wie stark denn das demokratische Empfinden in Österreich in Wirklichkeit sei.

1. Beispiel: Die Bundesregierung von Bundeskanzler Werner Faymann (SPÖ) und Vizekanzler Josef Pröll (ÖVP) hat das Parlament im Frühjahr 2010 von der Verschiebung der Vorlage des Budgets für 2011 und somit vom Bruch folgender Bestimmung der Bundesverfassung informiert.

Artikel 51 (2) legt fest: „Die Bundesregierung hat dem Nationalrat spätestens zehn Wochen vor Ablauf des Finanzjahres den Entwurf eines Bundesfinanzgesetzes für das folgende Finanzjahr vorzulegen."

Bis 2010 bedeutete dies immer die Vorlage bis spätestens 20. Oktober des laufenden Jahres. Finanzminister Josef Pröll hielt seine Budgetrede am 30. November 2010. Die Bundesverfassung legt aber auch genau fest, was bei Missachtung der Zehn-Wochen-Frist zu geschehen hat. Artikel 51 (4) hält unmissverständlich fest: „Hat die Bundesregierung dem Nationalrat nicht zeitgerecht den Entwurf eines Bundesfinanzgesetzes vorgelegt, so kann ein Entwurf eines Bundesfinanzgesetzes im Nationalrat durch Antrag seiner Mitglieder eingebracht werden. Legt die Bundesregierung den Entwurf eines Bundesfinanzgesetzes später vor, so kann der Nationalrat beschließen, diesen Entwurf seinen Beratungen zugrunde zu legen."

An diesen Bestimmungen gibt es eigentlich nichts zu deuten. Die ersten Reaktionen waren denn auch eindeutig. Bundespräsident Heinz Fischer machte die Regierung auf den Verfassungsbruch aufmerksam und fand ihn unangebracht. Parlamentspräsidentin Barbara Prammer war „unglücklich", zeigte sich aber hilflos bezüglich der in der Verfassung vorgesehenen Alternative. Die 183 Abgeordneten zum Nationalrat hätten einfach nicht die Sachkompetenz, über die Sommermonate 2010 einen eigenen Budgetentwurf auszuarbeiten.

Anlässlich einer Festveranstaltung zum 90. Jahrestag der Verabschiedung der Verfassung von 1920 fand der ehemalige Präsident des Verfassungsgerichtshofes, Ludwig Adamovich, mehr als deutliche Worte, die natürlich nicht in alle Medien Eingang fanden und somit fast so schnell verhallten, wie sie gesprochen worden sind: „[…] das Verhalten der Bundesregierung in der Budgetfrage ist bitter für den Rechtsstaat. Von der Verfassung her ist Österreich ein demokratischer Rechtsstaat. Damit ist eigentlich schon alles gesagt, welche Gefahren dieses Verhalten bedeutet. Die Gefahr für die Demokratie ist gegeben. […] Die Verfassung sieht eine Frist vor, damit genügend Zeit für eine ausführliche Debatte und Diskussion zum Budget gegeben ist. Doch mit dieser geplanten Verschiebung kann genau diese Intention der Bundesverfassung nicht umgesetzt werden."[3]

Sein Nachfolger als Chef des Höchstgerichts, Gerhard Holzinger, ortete bei derselben Gelegenheit[4] in Österreich einen „gewissen Mangel an Verfassungsbewusstsein", begründet in der Tatsache, dass es „so etwas wie Verfassungspatriotismus" nicht gebe. Er rief die Verantwortlichen in Politik und Gesellschaft auf, das Verfassungsbewusstsein zu stärken – wofür die „strikte Einhaltung aller Bestimmungen" der Verfassung unbedingte Voraussetzung sei.

All diese Mahnungen und Warnungen blieben ohne jede Konsequenz. Die Bundesregierung stellte sich taub, die Frist verstrich, das Budget 2011 wurde im Dezember verabschiedet. Bundespräsident Heinz Fischer hätte es in der Hand gehabt – im ursprünglichen Sinn des Wortes mit der zur Unterschrift bereiten Füllfeder –, der von Adamovich angesprochenen „Intention der Bundesverfassung" zum Durchbruch zu verhelfen, indem er die vorgeschriebene Bestätigung des verfassungsmäßigen Zustandekommens des Bundeshaushaltsgesetzes 2011 verweigert hätte. Drei Präsidenten des Höchstgerichts, eben Gerhard Holzinger, Ludwig Adamovich und auch Karl Korinek, sowie Fischer selbst hatten zuvor ja festgehalten, dass von einem verfassungskonformen Verlauf der Budgetverabschiedung nicht die Rede sein konnte. Fischer hat jedoch seine Möglichkeiten zu Respekt, Pflege und Sorgfalt der demokratischen Grundfeste in Österreich nicht eingesetzt.

Bundespräsident Heinz Fischer hätte verfassungsgemäß noch eine weitere Variante wählen können. Er hätte der Bundesregierung bei Bruch der Verfassung mit der Entlassung drohen können. Dies hätte entweder eine vorzeitige Nationalratswahl oder aber die Einsetzung eines Beamtenkabinetts nach sich gezogen – und in seinen Augen Österreich an den Rand einer Staatskrise geführt. Vor solchen Konsequenzen schreckt Heinz Fischer von seinem ganzen Habitus her zurück. Daher setzte er seine Unterschrift unter ein Gesetz, von dem er wusste, dass es nicht ordnungsgemäß zustande gekommen ist.

Auch Parlamentspräsidentin Barbara Prammer hatte ihre Möglichkeiten über ein allgemeines Jammern hinaus nicht ausgenützt. Wiederholt „hoffte" sie, zuletzt noch im Jänner 2011, dass der rechtsstaatliche Sündenfall des Jahres 2010 ein einmaliger Vorfall bleiben und sich nie wiederholen möge. Sündenfälle werden aber in Österreich sehr rasch zu Präzedenzfällen. Jede künftige Regierung wird sich bei einer ähnlichen Interessenslage – Geheimhaltung eines Budgets aus wahltaktischen Gründen – auf die Vorgänge im Herbst 2010 berufen können.

Prammer aber hätte statt der defätistischen Haltung eine pro-aktive Vorgangsweise wählen und zumindest den Versuch unternehmen können, die Fraktionschefs der fünf im Nationalrat vertretenen Parteien zur Vorlage eines eigenen Budgetentwurfs zu überreden, wie in der Bundesverfassung vorgesehen. Oder wenigstens die Abgeordneten der beiden Regierungsparteien. Diese Aktion hätte zum einen den Stellenwert des Parlaments gegenüber der Regierung unterstrichen und wäre in der Öffentlichkeit einer Aufwertung der Volksvertretung gleichgekommen – als Gegenstrategie zur allgemein verbreiteten und demokratieschädlichen Meinung, das Parlament sei ohnehin nur das Vollziehungsorgan der Bundesregierung. Zum anderen hätte Prammer damit eine Trennlinie zwischen Exekutive und Legislative ziehen können, wie sie bisher selten gewagt wurde, und so auch einer weiteren Intention der Bundesverfassung, jener der Gewaltentrennung, zum Durchbruch verhelfen können. Zum Dritten hätte sich Prammer, selbst bei vorhersehbarer Erfolglosigkeit, als mutig zeigen können. Sie hat es nicht einmal ansatzweise versucht. Klubchef und Abgeordnete wollten in den Urlaub fahren und wer ist schon die Inhaberin des zweithöchsten Amtes im Staat, um etwa FPÖ-Chef Heinz-Christian Strache die Reise nach Ibiza zu verderben?

Das ist die rechtliche Seite des „Sündenfalls" 2010, der aber auch noch eine politische Komponente hat. Die Nichteinhaltung der vorgeschriebenen Frist wurde nämlich mit offenkundig falschen Argumenten begründet: Im Frühjahr 2010 hieß es, die Regierung wolle die Wirtschaftsprognosen im Herbst abwarten, um diese noch einarbeiten zu können. Danach hieß es, ein so großes Reformwerk benötige eben mehr Zeit. Und dann wurde noch die Länge der Verhandlungen mit den Bundesländern ins Spiel gebracht. Nichts davon sollte sich als wahr herausstellen, während die Rücksichtnahme auf zwei Landtagswahlen, in der Steiermark und Wien, die ganze Zeit über unbestritten war.

Schließlich legte Finanzminister Josef Pröll einen Staatshaushalt vor, der in letzter Minute bei einer Regierungsklausur im steirischen Loipersdorf zusammengepfuscht wurde und dessen Details nicht einmal zwei Tage nach Beschluss überlebten.[5] Damit war die Ausrede von der monatelangen harten Arbeit entlarvt, bevor der Entwurf überhaupt den Nationalrat erreichte.

Demokratiepolitisch sollten sich die Vorgänge um das Budget 2011 als politischer Super-GAU erweisen. Wenn nicht einmal höchste Amtsträger in der Republik mit öffentlichen Protesten irgendetwas ausrichten und sich jene als mutlos erweisen, die auf die Einhaltung der Spielregeln vereidigt sind, erhöht dies nur das Gefühl der Hilf- und Sinnlosigkeit der Bürger.

2. Beispiel: In einem politischen Tauschgeschäft der Sonderklasse einigten sich SPÖ und ÖVP in der Übergangszeit von der schwarz-blauen Regierung Wolfgang Schüssels (ÖVP) zur rot-schwarzen Alfred Gusenbauers / Wilhelm Molterers auf die Einführung der Briefwahl und die Herabsetzung des Wahlalters auf 16 Jahre. Von der Briefwahl hat sich die ÖVP seit Jahren eine höhere Wahlbeteiligung versprochen, weil sie bürgerliche Wählerklientel für mobiler hält. Für einen parteipolitischen Vorteil wird man doch wohl noch einen weiteren Verfassungsbruch in Kauf nehmen, oder nicht? Die SPÖ wiederum glaubte – fälschlicherweise, wie sich bei der

Wahl 2008 herausstellen sollte –, dass sie bei jüngeren Wählern größere Chancen haben könnte als die ÖVP. So kam dieser Deal zustande.

Im Windschatten dieser Wahlrechtsänderungen wurde auch die Verlängerung der Legislaturperiode von vier auf fünf Jahre beschlossen. Diese Reduktion der zeitlichen Entscheidungsmöglichkeiten der Bürger um 25 % wurde unter dem Radar der öffentlichen Aufmerksamkeit vorgenommen. Sie sollte sich als Kontroll-Sündenfall der Medien und als deren großes Versagen erweisen. Es fand im Vorfeld der großkoalitionären Einigung nicht die geringste Diskussion über die Sinnhaftigkeit einer Verlängerung statt – ein in einer Demokratie eigentlich ungeheuerlicher Vorgang, aber eben von den Medien und Journalisten mit offenkundigem ADS (Aufmerksamkeitsdefizitsyndrom) nicht wahrgenommen. Das hätte nicht passieren dürfen. Man kann unter diesen Rahmenbedingungen nicht von den einzelnen Bürgern Aufregung und Protest verlangen, wenn die Medien ihrer Informationspflicht nicht genügend nachkommen.

Auf der Suche nach neuen Impulsen für sozialdemokratische Politik fand Daniel Lehner in dem heute – wenig überraschend – im Vergleich zu früher unbedeutenden Diskussionsorgan der SPÖ „dieZUKUNFT.at" für diese Gegebenheiten eine aus seiner Sicht eindeutige, wenn auch etwas kompliziert formulierte Antwort: „Dass postdemokratische Verschiebungen nicht nur im Bereich der politischen Kultur sichtbar sind, sondern auch vor den formaldemokratischen Verfahren nicht zurückschrecken, zeigt ein Blick auf deren Veränderungen und die

entsprechenden Debatten. Was anders als das Eingeständnis, dass die eigenen Reformen am Interesse der
Mehrheitsbevölkerung vorbeigehen, bezeugt denn der
vielfach geäußerte Wunsch, man möge doch gemeinsam
(Landtagswahlen) oder seltener (Verkürzung der Legis-
laturperioden [*was wohl Verlängerung heißen müsste, weil
die Argumentation sonst keinen Sinn ergibt, Anm. A. R.*])
wählen, damit notwendige Regierungsarbeit ungestört
von den demokratischen Unterbrechungen durchgesetzt
werden könne? Das publizistische Bedauern darüber, dass
ständige Wahlen Regierungsarbeit verunmöglichen,
[...] offenbart ein antidemokratisches Grundverständ-
nis."[6] Lehner erweckte damit den Eindruck, als sei die
Verlängerung der Legislaturperiode 2007 deshalb mit
stillschweigender Zustimmung der Medien unter der
Wahrnehmungsgrenze der Öffentlichkeit durchgezogen
worden. Nicht Zustimmung, sondern mangelnde Wach-
samkeit war jedoch der Grund für das Ausbleiben einer
substanziellen Debatte darüber.

Anders als die klammheimliche Ausdehnung der Zeit
zwischen zwei Urnengängen ist der Fall der Briefwahl
gelagert. Da war die Verfassungswidrigkeit der Details
unmittelbar nach der Nationalratswahl nicht mehr zu
übersehen. Aufgrund der Durchführungsbestimmungen
muss die per Brief abgegebene Stimme erst fünf Tage
nach dem Urnengang bei der Wahlbehörde einlangen.
Das eröffnet die Möglichkeit unter Missachtung der
ohnehin nicht kontrollierbaren eidesstattlichen Erklärung
zum Zeitpunkt des Ausfüllens des Stimmzettels die Wahl
erst nach Vorliegen des vorläufigen Endergebnisses zu

treffen. Mit anderen Worten: Ich kann den Brief erst am Montag nach einer Wahl in den Postlauf zur Wahlbehörde schicken. Das widerspricht eindeutig dem Verfassungsgrundsatz des geheimen Wahlrechts.

In höchster Not nach einer Wahlniederlage ist sogar eine staatstragende Partei wie die ÖVP bereit, demokratische Prinzipien zu untergraben. So geschehen mit einem Inserat der Wiener ÖVP am Tag nach der Gemeinderatswahl am 10. Oktober 2010: „Wien hat gewählt, aber Sie können noch heute Ihre Stimme abgeben", hieß es dort sinngemäß. Dieser völlig anstandsfreie Aufruf hat zumindest einige Parlamentarier der SPÖ und der Opposition aufgerüttelt. Eine Reform des Briefwahlrechts wurde versprochen und im Juni 2011 vom Nationalrat auch beschlossen.

Allein, bereits seit der Nationalratswahl 2008 wundern sich Korrespondenten ausländischer Zeitungen darüber, dass niemand diese Wahl wegen eindeutiger Verfassungswidrigkeit der Briefwahl angefochten hat. Die Antwort wäre wahrscheinlich bei einer Veranstaltung des „Rechtspanoramas" der Tageszeitung „Die Presse" in Graz im Herbst 2010 abzuholen gewesen. Dort haben sich Experten wie Karin Liebhart, Vorsitzende der Gesellschaft für Politikwissenschaften (Universität Wien) und Professor Stefan Stor vom Institut für Öffentliches Recht an der Karl-Franzens-Universität Graz mächtig darüber aufgeregt, wie verfassungswidrig die Briefwahl eigentlich sei, wie krass der Verstoß gegen den Gleichheitsgrundsatz und alle geltenden Wahlprinzipien.

Das Interessante dabei ist jedoch: Alle Experten, Liebhart und Stor inklusive, sind ja nicht nur Theoretiker und / oder Wissenschaftler, sie sind auch Wähler. Jeder von ihnen hätte nach der Bundeswahl 2008 den Verfassungsgerichtshof anrufen und eine Aufhebung der Wahl beantragen können. Nach der Abgabe der eigenen Stimme wäre ein solcher Gang mit folgender Begründung möglich: Es sind jene Stimmzettel auszuforschen, die erst Tage nach der entsprechenden Wahl bei der zuständigen Behörde eingegangen sind. Bei diesen kann nicht mehr nachvollzogen werden, wann genau sie ausgefüllt worden seien. Daher sei die Wahl anzufechten. Wer immer den Gang zum Höchstgericht am Wiener Judenplatz angetreten hätte, er hätte Recht bekommen müssen. Offenbar haben sich die Rechtsexperten aber nicht persönlich als Wähler, die sie ja auch sind, betroffen gefühlt.

Die Frage bleibt daher: Wenn sich nicht einmal Rechtsexperten dazu überwinden können, einen von ihnen als unrechtmäßig erkannten Zustand einzuklagen, ist doch von einem normalen Wähler kaum zu verlangen, den Weg zum Verfassungsgerichtshof anzutreten? Statt sich in akademischen Zirkeln zu alterieren, hätten Experten eine Aktion setzen können. Wenn sie die vermeintliche Aussichtslosigkeit als Begründung für Inaktivität anführen, fehlt es ihnen entweder an Kenntnissen oder, was wahrscheinlicher ist, an Mut im Hinblick auf die eigene akademische Karriere. Nach zwei erfolgten Nationalratswahlen und etlichen Landtagswahlen das hohe Jammerlied der Verfassungswidrigkeit der Briefwahl anzustimmen, sich in Diskussion zu begeben und Politikern das Recht abzusprechen, solche Beschlüsse überhaupt treffen zu dürfen, legt eines der Grundübeln in Österreich offen: Reden über Probleme oder Missstände wird oft bereits für Aktivität gehalten. Nach dem Motto: Wenn ich über etwas rede, jammere, es beklage, habe ich schon etwas getan. Missstände nähren sich in Österreich aus solchen nationalen Missverständnissen.

3. Beispiel: Seit fünf Jahren liegt ein Urteil des Verfassungsgerichtshofs zur Aufstellung zweisprachiger Ortstafeln in Kärnten vor, das nie umgesetzt wurde. Als das Höchstgericht den Spruch Ende 2005 veröffentlichte, wurde es von Vertretern des BZÖ-Lagers des damaligen Kärntner Landeshauptmanns Jörg Haider mit Hohn und Spott überschüttet. Karl Korinek sah sich veranlasst, Bundespräsident und Bundeskanzler einzuschalten. Heinz Fischer ließ danach wissen, Erkenntnisse des Höchstgerichts müssten „respektiert und vollzogen" werden. Die heftige politische Auseinandersetzung, die dann folgte, schien weitgehend von den Interessen der Bevölkerung im übrigen Österreich abgekoppelt. Und versandete auch wieder, obwohl von der Rechtslage her der Bundespräsident verpflichtet gewesen wäre, für die Exekution des Urteils auf Antrag des Höchstgerichts zu sorgen.

Allerdings hat Fischer eine solche Vorlage nie eingefordert, der Verfassungsgerichtshof sie nie in die Hofburg geschickt. So sieht eben Respekt und Vollzug auf Österreichisch aus.

4. Beispiel: In Tirol tobt ein Streit um die sogenannten Agrargemeinschaften, der eigentlich schon mit einem Erkenntnis des Verfassungsgerichtshofs vom März 1982

entschieden sein sollte. Schon damals sah das Höchstgericht die undifferenzierte Übertragung von Gemeindegut an die Agrargemeinschaften als gleichheitswidrig an, weil dadurch „einzelne Gemeindebürger unsachlich bevorzugt werden würden".[7] Bei diesen Gemeindebürgern hatte es sich seit den 50er-Jahren meist um Großbauern mit Funktionen in Politik und Verbänden sowie um deren Verwandtschaft gehandelt. Medienberichten zufolge verlaufen die profitablen Verästelungen unter anderem vom legendären Landeshauptmann Eduard Wallnöfer bis zu seinem Schwiegersohn, Ex-Landeshauptmann und jetzigen Landtagspräsidenten Herwig van Staa. Das System dabei: Grundstücke im Besitz der Gemeinden mit Nutzungsrecht für alle Gemeindebürger wurden zu günstigen Konditionen erworben und im Laufe der Zeit auf der Basis der Wertsteigerungen, ausgelöst durch den Tourismusboom in der Region, mit sensationellen Gewinnen wieder veräußert. Seit diese Praxis beim Höchstgericht als verfassungswidrig eingeklagt und erkannt worden ist, versucht sich die politische Elite Tirols aus der Anerkennung des Urteils herauszuwinden.

Nun platzte im Juni 2008 das Höchstgericht mit einem neuerlichen Erkenntnis in die Tiroler Idylle: Demnach sind die Gemeinden und nicht die Agrargemeinschaften über das seinerzeit an sie übertragene Gemeindegut verfügungsberechtigt. Somit hätten die Gemeinden und nicht die Agrargemeinschaften Anspruch auf die Erträge aus den Liegenschaften. Das Urteil wurde von einer der Agrargemeinschaften beim Europäischen Gerichtshof für Menschenrechte in Straßburg angefochten.

Ein Fall für die Juristen, gewiss. Für den normalen Staatsbürger, ob Tiroler oder nicht, bedeutet dieses Beispiel im Grunde Folgendes: Hier haben einige wenige von eindeutig verfassungswidrigen Landesbestimmungen wirtschaftlich enorm profitiert. Selbst bei Feststellung des Rechtsbruchs wurde eine nachträgliche Wiedergutmachung eines rechtswidrigen Vorteils offenbar nicht einmal angedacht. Im November 2010 erst sah sich der Präsident des Tiroler Gemeindeverbandes, Ernst Schöpf, in einem Brief an alle Gemeinden veranlasst, vor Vereinbarungen mit Agrargemeinschaften zu warnen. Wörtlich heißt es: „Die Gemeinden werden wieder wie seinerzeit seitens der Behörden falsch beraten."[8]

Jetzt erhebt sich natürlich wieder die Frage, warum sich nicht einmal in einem Bundesland, von dem Restösterreich annimmt, es sei heute noch von lauter widerständigen Andreas Hofers bevölkert, Protest gegen eine rechtswidrige Praxis zugunsten einer in Politik und Wirtschaft vernetzten Gruppe geregt hat. Warum die Mächtigen im Dorf Jahrzehnte freie Hand hatten?

An den Bundesländern Tirol und Kärnten lässt sich schleichende Gefährdung des demokratischen Systems unschwer erkennen und beschreiben: Wenn die absolute Dominanz einer Partei – in Tirol lange Zeit der ÖVP, in Kärnten zuerst der SPÖ und dann der FPÖBZÖ Jörg Haiders – mit der Schwäche der anderen politischen Parteien zusammentrifft, sich daraus eine Komplizenschaft und ein Versagen aller demokratischen Kontrollmechanismen ergibt; wenn sich Bürger an die Abhängigkeit von jenen Politikern gewöhnt haben, die oft persönlich von

Rechtsverstößen profitieren, und diese Unterwerfung selbst in persönliche Vorteile umfunktionieren, dann tendiert das Protestpotenzial gegen null. Zum Schaden der Demokratie, aber niemand will es bemerken.

5. Beispiel: Die Abschaffung der allgemeinen Wehrpflicht und der Wechsel zu einem reinen Berufsheer wird ausschließlich unter dem Aspekt der Kosten, des Katastrophenschutzes, der Auslandseinsätze der Soldaten im Rahmen der UNO und der Partnership for Peace mit der NATO sowie der Notwendigkeit des Zivildienstes diskutiert. Verschwiegen werden sämtliche Fragen, die sich aus dem Konnex zwischen Landesverteidigung und Neutralität ergeben.

Artikel 9a der Bundesverfassung ist unmissverständlich: „Österreich bekennt sich zur umfassenden Landesverteidigung. Ihre Aufgabe ist es, die Unabhängigkeit nach außen sowie die Unverletzlichkeit und Einheit des Bundesgebietes zu bewahren, insbesondere zur Aufrechterhaltung und Verteidigung der immerwährenden Neutralität."

Und hier liegt die Krux: Bei einem Berufsheer wird von einer Stärke von 9000 bis 15.000 Soldaten ausgegangen. Damit lässt sich das Land bestenfalls im Rahmen eines militärischen Bündnisses, ob Europäische Union oder NATO, verteidigen. Dies wiederum würde aber auch das formale Ende der Neutralität bedeuten müssen, was zwingend zu einer Volksabstimmung führen müsste. Bei einer Aufgabe der Neutralität handelt es sich nämlich gewiss um eine „Gesamtänderung der Verfassung". Und diese muss – wie bei Österreichs Beitritt zur EU 1994 – verpflichtend einer Volksabstimmung unterworfen werden. Hier gibt es laut Verfassung nicht den geringsten Spielraum für politische Interpretation.

Wird darüber eine Grundsatzdebatte geführt? Nein. Interessiert sich irgendjemand in der Bevölkerung außerhalb eines kleinen Expertenkreises für derartige existenzielle Fragen? Nein. Kann dieser gleichgültige Umgang mit den Spielregeln der Demokratie dieser bleibenden Schaden zufügen. Ja.

Selbst einen Alt-Politiker, jahrzehntelang auf Schönreden der Zustände trainiert, befiel während der Auseinandersetzung um die Wehrpflicht massives Unbehagen. Ex-Verteidigungsminister Helmut Krünes ließ die Wiener Tageszeitung „Die Presse" wissen: „Zuerst war es der Skandal um die Nichteinhaltung einer zwingenden Frist für die Vorlage des Budgets, der den Rücktritt der Bundesregierung verlangt hatte und sanktionslos geblieben ist. Nun die Handlungen eines Ministers, der eine Verfassungsänderung wünscht und so tut, als wäre sein Wunsch Befehl an das Parlament und an seine Beamten. Wenn wir so mit unserer Verfassung umgehen, dann fürchte ich um die Demokratie in wirklich schlechten Zeiten."

Um wieder Ludwig Adamovich zu zitieren, als er auf die Nicht-Umsetzung von Höchstgerichtsurteilen in Kärnten (Ortstafeln), in Tirol (Agrargemeinschaften) und die Missachtung der Verfassung beim Budget 2011 angesprochen wurde: „Auch wenn alle Fälle einzeln und differenziert zu betrachten sind, ergibt sich daraus natürlich ein ungutes Gesamtbild, das Unbehagen auslöst, wie hierzulande mit dem Rechtsstaat umgegangen wird."[9]

Im Rückblick der Geschichte wird sich vielleicht herausstellen, dass die Öffentlichkeit im Herbst des Jahres 2010 hellhöriger hätte sein müssen. Denn all die Warnungen vor Erschütterungen im demokratischen Rechtsstaat stießen bei den meisten Medien und wohl auch deshalb in der Bevölkerung auf taube Ohren. Es hätten eigentlich alle Alarmglocken schrillen und eine aufgeregte Diskussion auslösen müssen, als zum Beispiel Bundespräsident Heinz Fischer im September 2010 davon sprach, dass auch in Österreich die „Demokratie nicht unzerstörbar" sei. Der Satz ist von der typischen Diktion des Bundespräsidenten geprägt. Er hätte ihn auch prägnanter formulieren können. Ein Vorschlag zur Güte: Auch in Österreich ist die Demokratie nicht so gefestigt, dass sie nicht zerstört werden könnte. Wenn etwas nicht unzerstörbar ist, dann kann es zerstört werden. So einfach wäre dies gewesen. Vielleicht hätten dann die Medien aufgehorcht. Aber es hat auch einen politischen und nicht nur einen habituellen Grund, warum Heinz Fischer eine so deutliche Sprache nicht wagt.

Die „Wahrheit ist den Menschen" in Österreich nur in Ingeborg Bachmanns Literatur „zumutbar", nicht im wirklichen Leben, auch wenn Bachmann in Sonntagsreden von Politikern gerne als (sicher widerwillige) Zeugin angerufen wird. Die Mehrheit will nicht aufgeschreckt werden von einem Szenario, das unter bestimmten Umständen auf eine totale Veränderung der gegenwärtigen Lebensverhältnisse hinausläuft. Wir blenden Verwerfungen in unserem gesellschaftlichen Gefüge so lange aus, bis sie nicht mehr übersehen werden können.

Woher kommt also dieses wunschlose Unglück mit den demokratischen Spielregeln? Eine mögliche Antwort: Es resultiert aus dem fatalen Hang, die Augen vor der Realität verschließen zu wollen.

Österreich ist mit Sicherheit das einzige Land in der Familie westlich demokratischer Staaten, in dem auch noch mit einem gewissen Stolz fortgesetzt auf die Diskrepanz zwischen der geschriebenen Verfassung und der sogenannten Realverfassung hingewiesen wird; und in dem das Außerkraftsetzen der eigentlichen Spielregeln durch die gängige politische Praxis auch noch als Gütesiegel und positives Alleinstellungsmerkmal für das Land angesehen wird.

Wir haben die geschriebene Verfassung, die uns nichts angeht, der wir keinen Respekt zollen, von der wir uns nicht betroffen fühlen, die mit unseren realen Leben nichts zu tun hat. Stolz sind wir aber auf die sogenannte Realverfassung, die im Grunde einen permanenten Verstoß, eine andauernde Missachtung und Verhöhnung der geschriebenen Verfassung ist. Diese Gepflogenheit ist uns wert und teuer – im wahrsten Sinn des Wortes, weil sie mit Steuergeld Institutionen finanziert, die nicht in der Verfassung verankert sind und daher nur aus der Gewohnheit ihre Legitimität ableiten. Dieser Zustand berechtigte auch den Schriftsteller Robert Menasse zur Umformulierung des Artikel 1 der Bundesverfassung: „Österreich ist eine demokratische Republik. Ihr Recht geht vom Volk aus." Daraus wurde bei Menasse: „Österreich ist eine demokratische Republik. Alle Macht geht von der Gewohnheit aus."[10]

Ein aktuelles Beispiel: Alle beklagen in der Zeit der Konsolidierung des Staatshaushalts, dass zwar die Bundesregierung Einsparungen vornehme, die Bundesländer jedoch nicht, weshalb der Bund Steuern erhöhen müsse. Oder noch konkreter: Zur Verringerung des Budgetdefizits wurde von der Koalition Faymann / Pröll die sogenannte Bankensteuer eingeführt. Angeblich. Wenn dem so gewesen wäre, hätte die Regierung nicht umgehend ein Drittel dieser neuen Einnahmen den Bundesländern zusprechen dürfen.

Ein weiteres Beispiel: Laut Medienberichten wurden aus Sparsamkeit die Kosten für den Bau einer Autobahn, der sogenannten Westspange bei Linz, aus dem Budget 2011 genommen. Doch nicht lange. Wenige Wochen nach Beschluss des Budgets war plötzlich wieder Geld vorhanden, wenn auch nur für eine reduzierte Strecke dieses Straßenbaus. Des Rätsels Lösung: Der Geldsegen aus der Bankensteuer ergoss sich über die Länder zu einem Zeitpunkt, zu dem Niederösterreichs Landeshauptmann Erwin Pröll (ÖVP) Vorsitzender der sogenannten Landeshauptleutekonferenz war; jener über die Autobahn bei Linz, als Oberösterreichs Landeshauptmann Josef Pühringer (ÖVP) den Vorsitz in diesem Gremium übernommen hat.[11]

Allein, diese Landeshauptleutekonferenz gibt es nicht. Sie hat nirgends eine rechtliche Verankerung. Sie ist ein nicht legitimiertes Gremium. Sie steht nicht in der Verfassung. Sie existiert gar nicht! Sie ist Gewohnheitsrecht. Davor fürchtet sich die Regierung. Davor zittern unter den realen Machtverhältnissen alle Politiker auf Bundesebene!

Die zweite Ikone der Realverfassung ist die Sozialpartnerschaft, der gewohnheitsrechtliche Ausgleich zwischen Verbänden der Arbeitgeber und Arbeitnehmer. Auch sie existiert in der Verfassung nicht. Ihre ausgehandelten Kompromisse werden aber seit 1945 automatisch vom Parlament in Gesetzesform gegossen. Man kann argumentieren, dass die Sozialpartnerschaft über die demokratischen Wahlen ihrer zur Zwangsmitgliedschaft (mit Ausnahme des Partners und Vereins ÖGB) verdonnerten Mitglieder legitimiert ist. In den Spielregeln für das demokratische Gefüge kommt sie aber rechtlich abgesichert nicht vor. Wahrscheinlich gibt es aber keine andere Einrichtung, auf die eine Mehrheit der Österreicher so stolz ist wie auf die Sozialpartnerschaft – als den Garant für Ruhe im Land.

Wen ficht es also an, dass im Gegenzug die Bundesverfassung seit Jahrzehnten von der jeweiligen Regierung in einer Art malträtiert wird, die in „sauberen" Demokratien schon als Missbrauch gelten würde? So wurde diese Bundesverfassung – je nach Parteivorteil – mit Verfassungsbestimmungen so lange überfrachtet, bis ihr Sinn überhaupt nur mehr einer ganz kleinen Elite von Spezialisten zugänglich ist. Die realpolitische Fiktion solcher Verfassungsgesetze – und deren gibt es eben Tausende – ist zum einen, sie der Überprüfung des Höchstgerichts zu entziehen; zum anderen, jede Aufhebung oder Novellierung bei einer eventuellen Änderung der Machtverhältnisse zu verhindern. Verfassungsgesetze sind im Nationalrat mit Zweidrittelmehrheit zu verabschieden.

So konnte es passieren, dass selbst Politiker, die ihre Karriere mit dem Schlachtruf „Mehr privat, weniger

Staat" begannen, zur Absicherung eben dieser Karriere via Wirtschaftsbund der ÖVP nichts dabei fanden, Taxikonzessionen in den Rang eines Verfassungsgesetzes zu heben. So entzieht man bei einem Machtwechsel der anderen Partei, im Fall der Taxis der SPÖ, die Möglichkeit, dies rückgängig zu machen. Mit anderen Worten: Unwichtige Materien wie Taxikonzessionen genießen die Legitimation der Bundesverfassung, wichtige, das demokratische Spiel entscheidende, Institutionen wie die Landeshauptleutekonferenz kommen ohne sie aus.

Das bedeutet: Die Wurzel unseres wunschlosen Unglücks mit den demokratischen Spielregeln liegt in unserer Abgestumpftheit. Kaum jemand verschwendet Gedanken an die Diskrepanz zwischen Anspruch und Realität; kaum jemand verlangt, dass diese Kluft geschlossen wird. Mehr noch, Politiker, Politikwissenschaftler und so mancher interessierte Bürger weisen noch stolz darauf hin.

Man muss nicht in die Rolle der Kassandra schlüpfen, auch nicht mit aller Gewalt schwarzmalen, wenn man feststellt: Diese Vorgänge können Österreich noch einmal sehr zu schaffen machen, wenn sich die Zeiten zum wirtschaftlich Schlechteren ändern. Demokratiepolitische Blutleere nennt man das. Wer wird die Risse in den Säulen unserer Demokratie merken, bevor sie einstürzen? Niemand fühlt sich von den Vorgängen betroffen.

Die Verlängerung der Legislaturperiode von vier auf fünf Jahre 2007 ist ein klassisches Beispiel. Die Politik – und in diesem Fall Regierung und Opposition – entscheidet etwas Gravierendes und keiner merkt es. Es wird der Artikel 1 der Verfassung geändert und keiner merkt es. Danach setzen das allgemeine Schulterzucken und die gegenseitige Versicherung ein, es werde schon nicht so schlimm werden.

So kann es zu einem demokratiepolitischen multiplen Organversagen kommen. Wie rasch sich die Dinge in einer bestimmten politischen Konstellation ändern können, war 2010 bei Österreichs Nachbarn Ungarn zu beobachten. Korrekterweise muss man jedoch hinzufügen, dass vom demokratiepolitischen Mechanismus her Ungarn heute auch nur dort ist, wo in Österreich zum Beispiel Kärnten oder Niederösterreich schon längst waren. Es kann also eine Situation auch auf Bundesebene entstehen, in der eine Partei unter Einhaltung aller formaler demokratischer Spielregeln in ihrer politischen Übermacht anderen, völlig hilflosen politischen Gruppierungen gegenübersteht; in der Kontrolle nicht mehr stattfinden kann.

So war es in Kärnten, als Jörg Haider bei all seinen Entscheidungen, ob rechtswidrig oder nicht, auf eine unterwürfige ÖVP zählen konnte und von dieser in keinem Moment Widerstand zu erwarten hatte; als eine verwirrte und orientierungslose SPÖ nach dem Verlust der jahrzehntelangen absoluten Macht sich in Abständen auf der Suche nach immer neuen Führungsfiguren auf offener politischer Bühne entleibte; als jegliches Korrektiv zur Macht letztlich außer Kraft gesetzt wurde. Das heißt, die anderen Parteien versagen in ihrer, für ein demokratisches Gefüge unerlässlichen Gleichgewichtsaufgabe.

Und so ist es in Niederösterreich, das man heute mit Fug und Recht als „gelenkte Demokratie" bezeichnen kann, weil eine unfähige Landespartei der SPÖ, eine durch den Misserfolg ihrer Landesrätin Barbara Rosenkranz bei der Bundespräsidentenwahl 2010 geschwächte FPÖ und eine einsame grüne Landesrätin machtpolitisch kein Gegengewicht zur ÖVP oder Erwin Pröll erreichen können. Es liegt im Prinzip kein Verstoß gegen eine Spielregel vor, aber es ist eine Situation entstanden, von der Bevölkerung offenbar genehmigt und akzeptiert, in der sämtliche demokratischen Kontrollmechanismen versagt haben.

Sie ermächtigt Erwin Prölls Regime, die Arbeit diverser Kontrollinstitutionen nach seinem Gutdünken zur Kenntnis zu nehmen oder auch nicht. So dekretierte er bei der Kritik des Rechnungshofes an der Vergeudung von Hunderten Millionen Euro beim Bau des Skylinks am Wiener Flughafen einfach, der Rechnungshof – immerhin ein Kontrollorgan des Nationalrates – irre und verstehe von der Sache nichts. Ähnliche Reaktionen gab es auf die Kritik an der zweckentfremdeten Verwendung von Mitteln der Wohnbauförderung, Steuergeld auch sie, für Spekulationen – hohe Verluste mit eingerechnet. Als aber die Situation am Wiener Flughafen unter der politischen Verantwortung der Eigentümer Niederösterreich und Wien nicht länger tragbar war und das von Pröll und Häupl gewollte und genehmigte Management ausgetauscht werden musste, war der Rüffel Prölls für die Arbeit des Rechnungshofs längst vergessen.

Es war kein Aufschrei durch die Politik oder die Medien gegangen, niemand hat Pröll zurecht- und darauf hingewiesen, dass Prüfberichte des Rechnungshofs nicht taxfrei als irrelevant abzuqualifizieren sind, ob sie einem Landeshauptmann nun passen oder nicht. So werden demokratische Institutionen diskreditiert und beschädigt. In Fällen, in denen sich nämlich die Prüfungsergebnisse des RH irgendwie in das parteipolitische Konzept des Landeshauptmanns fügten, waren sie ihm immer sehr willkommen: Das war beim Rechnungshofbericht über den ORF 2009 so, an den Erwin Pröll den Wunsch nach Veränderung der – gegen den Willen der ÖVP installierten – Geschäftsführung festmachte; beim Untersuchungsausschuss des Parlaments zum Kauf der Eurofighter, als Pröll den Rechnungshof als geeigneteres Kontrollinstrument sah; und das war so beim Semmeringtunnel 2006.

Es darf also nicht verwundern, wenn junge, politisch doch interessierte Bürger angesichts der Verschwendung von Hunderten Millionen Euro und der Tatsache, dass diese für ein verbessertes Bildungssystem nicht zur Verfügung stehen, die berechtigte Frage stellen: „Wozu haben wir also diese Politik?" Dann wird sehr viel Leidenschaft für das demokratische System vonnöten sein, sie davon zu überzeugen, dass es am Ende des Tages um ihre Freiheit, um ihr Wohlbefinden, um ihr Recht auf freie Meinungsäußerung und um ihre liberale Gesellschaft geht.

Österreich könnte – und es ist auch nicht für die absehbare Zukunft auszuschließen – in eine Krisensituation geraten, mit Massenarbeitslosigkeit, mit Bedrohung von außen, mit einer wirklichen sozialen Krise. Alle diese Faktoren könnten in einem unglücklichen Augenblick der Geschichte gleichzeitig auftreten und die Menschen wären sofort bereit, ein Stück Freiheit zu opfern – für angebliche wirtschaftliche, soziale, außenpolitische Sicherheit. Wenn in einer solchen Situation das Gespür abhanden gekommen ist, was demokratisch geht und was nicht, dann verlieren alle. Wenn dann zu einer allgemeinen Wirtschaftskrise noch eine Vertrauens- oder Glaubwürdigkeitskrise der Politik hinzukommt, eine Vertrauenskrise in die Justiz, in welche Österreich in den letzten beiden Jahren geschlittert ist, könnte die Situation auf die Seite einer Pseudo-Demokratie kippen, in der nur mehr das institutionelle Gerippe den Schein wahrt. Die Mitgliedschaft in der Europäischen Union ist bedauerlicherweise kein Auffangnetz gegen ein solches Kippen, wie die Beispiele Italien und Ungarn zeigen.

Diese Annahme ist nicht von sehr weit hergeholt. Dafür gibt es zwei Begründungen. Eine davon ließ der Politologe Anton Pelinka in einem Interview mit der „Neuen Zürcher Zeitung" im Jänner 2011 anklingen. Österreich habe eine „Neigung zur Untertanenmentalität": „Man schimpft auf ‚die da oben', nimmt sie aber grundsätzlich als gottgegeben hin. Da mag als Faktor eine Rolle spielen, dass es in Österreich nie eine erfolgreiche Revolution gegeben hat. Dass Österreich eine Demokratie ist, liegt daran, dass es zwei Weltkriege verloren hat. Die Demokratie ist zweimal nach Österreich auf den Bajonetten der Alliierten gekommen. Das ist natürlich bequem, aber nicht sehr motivierend."[12] Da klingt die Klage eines „Presse"-Lesers als Reaktion auf einen Artikel wie ein

Echo dieser Analyse: Die Demokratie, so schrieb er, sei Österreich 1945 von „den Alliierten oktroyiert" worden.

Hier handelt es sich gewiss nicht um eine Einzelmeinung. Hier ist ganz offensichtlich eine schleichende Ent-Demokratisierung der österreichischen Mentalität im Gange, für welche die gängige politische Schluderei die Hauptverantwortung trägt. Man muss allerdings als Fußnote hinzufügen, dass diese unter der gleichgültigen oder angewiderten Beobachtung der Wähler stattfindet. Es gibt in Österreich seit Jahrzehnten keine einzige Wahl, ob auf Bundes- oder Landesebene, deren Ergebnis auch nur im Ansatz als Sanktion auf Skandale, Korruption oder Politikmängel interpretiert werden kann. Mit anderen Worten: Auch das größte Politikerversagen wurde nie erkennbar von den Wählern abgestraft. Verluste einer Partei wurden immer mit anderen Ursachen erklärt, nie mit der Unfähigkeit ihres Personals. So konnten sie stets irgendwie schöngeredet werden. Und die Vertreter der jeweiligen Partei hatten nicht zu befürchten, selbst abgestraft oder zur Verantwortung gezogen zu werden.

Das Register der Sünden, für die Politiker aller Parteien nie Buße üben oder Reue zeigen mussten, ist lang: Gesetzesbrüche in Permanenz werden als normaler Bestandteil der Machtausübung einfach hingenommen; Täuschen und Tarnen wird augenzwinkernd toleriert; ein ausgeprägtes Unrechtsbewusstsein ist in einer Kultur, in der jeder versucht, es sich irgendwie mithilfe von politischem Einfluss zu „richten", einfach nicht vorhanden, weil man ja selbst irgendwann davon ganz persönlich profitieren könnte. Anstand im öffentlichen Raum ist kein Wert mehr in einer Gesellschaft, die das Gefühl für das Nicht-mehr-Akzeptable offenbar verloren hat. Anything goes, sagen die Angelsachsen dazu. Alles geht, was nicht auffällt, hat sich in Österreich zu einem Glaubenssatz verfestigt.

Im Literaturteil der Online-Ausgabe der deutschen Wochenzeitschrift „Die Zeit" griff Thomas Assheuer einen interessanten Gedanken auf: „Nicht wenige Intellektuelle bringt die eigentümliche Erschöpfung des politischen Systems auf die Idee, das Zeitalter der ‚Postdemokratie' auszurufen. Postdemokratie heißt: Die Institutionen funktionieren zwar noch, aber der Streit der Bürger um die gute Gesellschaft hat ein Ende gefunden."[13] Erschöpfung? Ende des Ringens um eine „gute Gesellschaft"?

Assheuer bezog sich mit all dem auf das Buch „Die politische Differenz" des österreichischen Philosophen Oliver Marchart[14], der seit 2006 an der Universität Luzern arbeitet. Marchart halte die Demokratie für die „ehrlichste Regierungsform", ihr hafte aber immer ein „Zuwenig" an und sie produziere ständig ein gewisses „Unbehagen". Antidemokraten träumten deshalb von der „großen Politik", von einem Durchgreifen, was beides aber nur für den Preis der Aufgabe von Freiheit zu haben sei. Demokratie aber sei nichts Festes, ständig „im Kommen", man müsse mit ihr immer wieder neu anfangen. Warum Demokratien innerlich „mürbe" werden, könnten laut Assheuer auch Politikwissenschaftler nicht wirklich erklären.

Wenn Assheuer „Intellektuelle" zitiert, dann können diese lediglich das „alte, müde" Europa meinen, möchte man angesichts der demokratischen Erregung, mit der die Ägypter binnen 18 Tagen im Februar 2011 ein dreißigjähriges totalitäres Regime hinweggefegt haben, einwenden.

Wer aber lässt es in diesem müden Europa, und so auch in Österreich, zu, dass die „klassische Politik" zu einer Art „Politik der Politiklosigkeit" zusammengeschrumpft ist; dass es zwar noch viel Politik, aber das „Politische" nicht mehr gibt? Die Antwort, dass es am Ende des Tages die Bürger sind, die das Politische definieren, ist sicher nicht populär und löst immer eine Lawine von Gegenargumenten aus.

Es ist in einer Demokratie dennoch nicht anders zu sehen. Der 33. Präsident der USA, Harry Truman (1945–1953), hatte auf seinem Schreibtisch einen berühmten Spruch liegen: „The buck stops here", was so viel heißt wie: Die letzte Verantwortung liegt bei ihm. Wenn also einem demokratischen Gefüge der Zusammenbruch aus Erschöpfung droht, so liegt die Verantwortung letztlich bei den einzelnen Bürgern. Jeder Bürger, nicht nur der Präsident der Vereinigten Staaten, sollte diesen Spruch auf dem Schreibtisch haben. Er kann den Schwarzen Peter (buck) für den Schwächezustand der Demokratie niemand anderem zuschieben: Ob er sie durch Teilhabe an der Politik stärkt oder durch Verweigerung bei Wahlen etwa schwächt; ob er sich einbringt, einmischt, initiativ wird oder indifferent außerhalb des Privaten nicht wahrnimmt – er hat immer die Wahl, es bleibt immer seine Verantwortung.

GLEICHGÜLTIGKEIT

Die Suche nach den Wurzeln der Gleichgültigkeit gegenüber der demokratischen Verfasstheit Österreichs kann nicht bei der oft beschriebenen Untertanenmentalität enden. Dieser Rekurs auf die Geschichte des Landes, auf die jahrhundertelange Dominanz der römisch-katholischen Kirche, auf die Habsburgermonarchie und wohl auch auf den Würgegriff, in den die beiden staatstragenden Parteien ÖVP und SPÖ die Republik aus Angst vor einer neuerlichen Destabilisierung in einem geteilten und kalt-kriegerischen Europa nach 1945 genommen haben, wird allmählich zur denkbar bequemsten Ausrede für Fehlentwicklungen im modernen Österreich. Er ist einfach nicht mehr zeitgemäß.

Warum also diese Gleichgültigkeit, warum dieser Gleichmut? Umgangssprachlich bedeutet Gleichmut so viel wie Langmut, Langeweile, Distanziertheit, Geduld, Ertragenkönnen, ohne sich irgendwie aufzuregen. Gleichmut heißt aber nicht, dass die Dinge in der unmittelbaren persönlichen Umgebung nicht wahrgenommen werden. Er beschreibt nur eine ganz bestimmte Reaktion auf diese Dinge. Gleichgültigkeit hingegen bedeutet sehr wohl, dass die Ereignisse kaum wahrgenommen werden; dass nur Geschehnisse auf Interesse stoßen, die unmittelbar mit dem eigenen Leben, den ganz persönlichen Umständen etwas zu tun haben. Das heißt, dass die Gleichgültigkeit hauptsächlich allgemein gesellschaftliche Vorgänge betrifft. Zu ihrer Überwindung ist also ein bestimmtes Ausmaß an individueller Betroffenheit notwendig.

Faszinierend ist die Erkenntnis, dass österreich-spezifisch der Gleichmut, die schier endlose Geduld, nur den öffentlichen Raum betrifft. Dort, wo also das Politische, die Politik abläuft, schlagen diese kollektiven Eigenschaften voll durch.

Anders präsentieren sich die Stammtische. Dort findet Erregung und Aufregung statt, wohl auch Diskussion. Dort werden Repräsentanten der Politik in Bausch und Bogen als „Gauner" identifiziert und ihre Handlungen generell als perfider Anschlag auf das eigene Wohlbefinden gesehen. In dem Moment jedoch, in dem Meinungen im öffentlichen Raum vorgetragen werden sollen, in dem man ohne Schutz der Anonymität für etwas einstehen soll, verlässt die Mehrheit der Wähler der Mut. Ganze Kohorten von Politologen, Dissidenten der herrschenden Zustände und wohl auch Künstler haben seit 1945 „Ruhe" als oberste Bürgerpflicht in diesem Land ausgemacht. Und sich immer wieder auf die Geschichte berufen, ohne sich offenbar bewusst zu sein, dass dieser Verweis für Österreich zu weit hergeholt ist. Der Satz „Ruhe ist die erste Bürgerpflicht" stammt nämlich vom Gouverneur Berlins, Friedrich Wilhelm Graf von der Schulenburg-Kehnert, nach der Schlacht von Jena 1806.

Die austrifizierte Version dieses Gebots heißt dann: „Nur keine Wellen, nur kein Wirbel." Seine Beachtung kann natürlich dazu führen, dass die Wellen, die auf das Land zurollen können, gar nicht wahrgenommen werden. Darin liegt die Gefährlichkeit der Gleichgültigkeit gegenüber den demokratischen Prozessen.

Der Begriff „Gleichmut" sollte eigentlich das Vorhandensein von immer „gleichem Mut" bedeuten. Das allerdings dürfte für viele Österreicher eine beunruhigende Auslegung sein. Wer gesteht sich schon gerne einen Mangel an Mut ein? Und dennoch ist er vorhanden. Um daran etwas zu ändern, muss man Jugendliche bereits mit der bohrenden Frage konfrontieren: Was kann schon passieren, wenn Du für Deine Meinung eintrittst; wenn Du Mut bei Deinen Überzeugungen zeigst? Und man muss mit ihnen die Antworten durchdiskutieren und sie auf diese Weise gegen die Angst vor dem eigenen Mut immunisieren. Man soll sie darauf aufmerksam machen, dass Mut in Österreich jedenfalls nicht Leben kostet; auch nicht Freiheit oder Existenz, sofern er nicht in Aktionismus plus Verletzung von Strafbestimmungen ausgelebt wird. Mut im öffentlichen Raum kann im schlimmsten Fall gesellschaftliche Isolierung und / oder einen Knick in der eingeschlagenen Karriere kosten.

Wer mit jungen Menschen diskutieren will, merkt aber sofort: Die meisten von ihnen wurden und werden in einem Bildungssystem sozialisiert, in dem Kritik, Hinterfragen, Skepsis, Infragestellen nur in seltenen Fällen – entweder durch die „Unternehmenskultur" einer bestimmten Schule oder durch die Aufgeschlossenheit individueller Pädagogen – erwünscht und gefördert werden. Lob und Ermunterung für unruhige Verhaltensweisen sind selten. Angepasstheit und Schweigen sind der weitaus höhere soziale Wert. Wenn sie dann in die reale Welt „entlassen" werden, betreten sie diese ohne das entsprechende Handwerkzeug, ohne Übung und ohne

Technik im kritischen Diskurs. Eine eigene Meinung mit Argumenten abzusichern, erfordert Training, Zuspruch und die Aufforderung zu Mut.

In diesem Zusammenhang lässt sich, etwas zweckentfremdet zwar, behaupten, dass die Mehrheit der Österreicher mit besonderer Leidenschaft und bereitwilliger als anderswo an der sogenannten „Schweigespirale" dreht. Der Begriff wurde von der Sozialwissenschaftlerin Elisabeth Noelle-Neumann in den 70er-Jahren geprägt und besagt, dass die Bereitschaft vieler Menschen, sich öffentlich zu ihrer Meinung zu bekennen, meist von der vermeintlichen Meinung der Mehrheit der Bevölkerung abhängt. Für Noelle-Neumann war diese Erkenntnis vor allem im Hinblick auf die Erforschung der Wirkung der Massenmedien wichtig. In Österreich kann man sie aber auch, völlig abgelöst davon, zur Erklärung bestimmter Verhaltensmerkmale der Gesellschaft heranziehen.

Demnach muss das Grundmotiv für Schweigen im öffentlichen Raum, nämlich die Furcht vor sozialer Isolierung, hierzulande besonders stark ausgeprägt sein. Es geht nicht nur, wie bei Noelle-Neumann, um den Anpassungsdruck auf den Einzelnen an die wahrgenommene Mehrheitsmeinung zu einem bestimmten Thema, sondern vor allem um den Mangel an Zivilcourage, für die eigene Meinung einzustehen und diese auch den Gestaltern des öffentlichen Raums, den Politikern gegenüber, bei voller Offenheit der eigenen Identität bekannt zu geben. Es geht hier also nicht um die Furcht, eine Minderheitsmeinung öffentlich zu vertreten, sondern um die

Angst vor persönlichen Konsequenzen: im Kern also um die Differenz zwischen Mut und Feigheit.

Eine Umfrage des Linzer Meinungsforschungsinstituts IMAS[15] 2010 förderte ein erstaunliches Ergebnis zutage: Zwei Drittel der Befragten sahen Österreich als ein Land, in dem man nicht mehr vorbehaltlos öffentlich seine Meinung äußern könne. Die Frage lautete: „Kann man in Österreich eigentlich ganz ohne Scheu darüber reden, wie man über politische, geschichtliche oder kulturelle Dinge denkt, oder ist es besser, sich mit seiner Meinung zurückzuhalten, weil man sonst mit Nachteilen rechnen muss?" Darauf antworteten 25 %, es sei besser sich zurückzuhalten und 40 %, es käme auf das Problem an. Lediglich 31 % waren der Überzeugung, man könne ohne Scheu reden.

Vor allem jene Medienleute und selbsternannten Experten, die seit Langem die Schuld an jeder sichtbar werdenden gesellschaftspolitischen Verwerfung undifferenziert „den Politikern" in die Schuhe schieben, frohlockten ob der vermeintlichen Bestätigung der eigenen (Vor-)Urteile über die Inkompetenz, Unfähigkeit und generelle Wertlosigkeit der Politik: Österreich sei bereits auf dem Weg zu einem totalitären Staat und die seit Jahrzehnten herrschende Politikerkaste trage dafür die Verantwortung. Es gibt nicht wenige, die Verachtung für Politiker generell als ganz persönliche Geschäftsgrundlage ihres journalistischen Tuns entdeckt haben.

Man kann allerdings die Umfrage auch anders sehen und die Behauptung aufstellen: Das Ergebnis sei nichts anderes als die Summe der Schutzbehauptungen einer an sich wenig mutigen Bevölkerung. Es war in Österreich schon immer sozial akzeptabler, sich als „Opfer" zu sehen und darzustellen, als den Anteil der Eigenverantwortung zu eruieren.

Im Zusammenhang mit den Ergebnissen der IMAS-Umfrage würde dies bedeuten: Es ist wesentlich honoriger, Einschüchterung durch Machthaber als Grund für das Schweigen im öffentlichen Raum anzugeben, als die eigene Feigheit. Insofern könnte eben ein Gutteil jener 65 % „Scheuen" zur Rechtfertigung der eigenen Feigheit eine Schutzbehauptung aufgestellt haben. Die Meinungsfreiheit in Österreich wird aber nicht dadurch verteidigt, dass man „denen da oben" ihre Einschränkung vorwirft, sondern durch die unerschrockene Ausübung durch den einzelnen Bürger.

Ein Gedankenspiel zur Veranschaulichung des Schutzes der Meinungsfreiheit durch individuelles Verhalten: Hatte jemand bisher die Angewohnheit, in der direkten Begegnung mit einem Repräsentanten des politischen Systems, ob auf Gemeinde- oder Bundesebene, seinen Hang zur Unterwürfigkeit voll auszuleben und jedes Wort der Kritik zu vermeiden, kann er durchaus ab einem gewissen Zeitpunkt den inneren Kompass auf „Mut zum aufrechten Gang" einstellen und dem betreffenden Vertreter der Politik offen seine Meinung sagen. Er mag sich dabei sogar mutig vor- und von seiner Umgebung ungewöhnliche Courage attestiert bekommen, in Wahrheit aber legt er nur ein ganz normales demokratisches Verhalten an den Tag. Er wird seine Offenheit nicht mit dem Leben bezahlen; er wird nicht hinter Gittern landen. Zieht das offene Wort eine Schikane in seinem persönlichen oder beruflichen Umfeld nach sich, so ist dies auch nicht mehr als ein Ärgernis und den aufrechten Gang wohl wert. Wirklich mutig sind – wie immer – nur jene, die für die Erlangung oder die Verteidigung der freien Meinungsäußerung ihr Leben oder das ihrer Familien, ihre Freiheit oder ihre materielle Lebensgrundlage einsetzen.

Das Entscheidende in Österreich ist, dass es kaum jemanden in der wahlberechtigten Bevölkerung gibt, der den Erwin Prölls und Michael Häupls dieser Republik die Meinung sagt; und dass aus dieser Feigheit des Einzelnen alle anderen die Rechtfertigung für ihr eigenes Schweigen beziehen. Änderungen sind aber, das lehrt die Geschichte, meist nur von Individuen zu erwarten. In den Worten der Schriftstellerin Doris Lessing: „Ich glaube, dass es langfristig immer das Individuum ist, das den Ton bestimmt und für die Entwicklung der Gesellschaft sorgt."[16] Von solchen Forderungen fühlt sich in Österreich aber meist niemand persönlich angesprochen.

Wenn man in Österreich für Mut aber nicht wirklich etwas Existenzielles einsetzen muss, warum fehlt er dann so vielen in so auffälliger Weise? Und dies 65 Jahre nach Gründung der Zweiten Republik? Eine mögliche Erklärung für das gleichmütige, im Sinn von langmütige, und ängstliche Verhalten wäre eine grundlegende Abneigung gegen Aktiv-Werden. Langmut ermöglicht Passivität. Hinzu kommt, wie schon beschrieben, dass in Österreich Worte rasch für Taten gehalten werden. Mit dieser Einstellung gehen seit Langem Politiker mit schlechtem

Beispiel voran, woraus wieder die Mehrheitsbevölkerung Rechtfertigung und Bestätigung für das eigene Verhalten bezieht. Das ergibt einen ganz gravierenden nationalen Trugschluss: Wenn man über etwas redet, wird dies oft schon für Aktivität gehalten, worauf man sich jeden weiteren Schritt und Einsatz erspart.

Tatsache ist, dass es – ganz allgemein gesprochen – in diesem reichen, reinen und ruhigen Österreich für die Mehrheitsbevölkerung auch keinen wirklichen Leidensdruck gibt, der zu irgendwelchen Aktionen motivieren oder sie aus ihrer Gleichgültigkeit herausreißen würde. Das Gefährliche an diesem Wohlfühl-Zustand ist aber, dass die Mehrheit deshalb die Sprünge im demokratischen Gefüge gar nicht wahrnimmt und eine aktive Minderheit an der Gleichgültigkeit der Mehrheit scheitert. Österreich steht deshalb ohne demokratiepolitisches Frühwarnsystem da.

Zur Veranschaulichung der Konsequenzen des Unwillens vieler Österreicher, Machthaber bei einer persönlichen Begegnung mit der Wahrheit, und sei es nur ihre subjektive, zu konfrontieren, eine Episode: Bei der Landtagswahl in Kärnten 1984 verlor die SPÖ des damals mächtigen Landeshauptmanns Leopold Wagner mehr als zwei Prozentpunkte, was die absolute Mehrheit nicht gefährdete, in der damals aber stark verkrusteten politischen Landschaft doch einen auffälligen Verlust darstellte. Vor allem für Wagner.

Kurz danach machte er bei einem Gespräch den Eindruck eines gebrochenen Mannes, nicht wegen des Prozentverlustes, wie sich herausstellen sollte, sondern weil er das Verhalten seiner Wähler nicht verstehen konnte. Sinngemäß meinte er damals: „Ich weiß nicht, wo ich die Stimmen verloren habe. Ich gehe durch Klagenfurt und jeder, den ich treffe, hat mich gewählt. Wo sind die alle hin? Kein Einziger hat mir gesagt: Dieses Mal habe ich aber nicht für Sie gestimmt." So hat Wagner nie die Gründe für die Unzufriedenheit seiner Wähler direkt erfahren. Die Konsequenz: Er und seine Partei verdrängten das Ergebnis. Die SPÖ hat so lange nicht die richtigen Schlüsse gezogen, die zu einer Änderung in ihrer Machtausübung hätten führen können, bis sie vom Wähler 1989 abgestraft wurde, worauf auch die Position des Landeshauptmanns verloren ging.

Es soll hier nicht behauptet werden, dass die Entwicklung in Kärnten diametral anders verlaufen wäre, hätte Wagner damals die Wahrheit aus Bürger- / Wählermund erfahren, aber spiegelverkehrt war Ähnliches viele Jahre später bei Jörg Haider zu beobachten: Vor der Landtagswahl 2004 und nach dem Revoltentreffen der FPÖ in Knittelfeld mit anschließender Neuwahl auf Bundesebene war in Kärnten niemand anzutreffen, der zugegeben hätte, Jörg Haiders Partei je noch einmal zu wählen. Der Mann sei aus der Balance, hieß es damals, man folge seinen politischen Bocksprüngen nicht mehr. Diese Einschätzungen ließen häufig auch bis dahin bekennende Haider-Wähler verlauten. Bei der Wahl erhielt die FPÖ (vor Haiders Gründung des Bündnis Zukunft Österreich, BZÖ) dann wieder über 42 % der Stimmen. Mysteriös! Woher sollen diese Stimmen gekommen sein? Da muss eine geheimnisvolle Umerziehung stattgefunden haben. Wohl kaum. Auch ein plötzliches Umdenken dürfte es nicht gegeben haben. Vielmehr dürfte ein beachtlicher Prozentsatz an Kärntner Wählern ziemlich kräftig an ihrer eigenen „Schweigespirale" gedreht haben.

Auf diese Art und Weise haben wir uns über Jahrzehnte ein System zurechtgezimmert, das einerseits aus Distanzierung und andererseits aus freiwilliger, uneingeforderter und vor allem unnötiger – im Sinn von „ohne Not" – Unterwürfigkeit besteht. Dem Satz „Ich will mit dem allem nichts zu tun haben, es interessiert mich nicht" steht der bequeme Anspruch auf Hilflosigkeit gegenüber: „Ich lasse es geschehen, denn ändern kann ich es ohnehin nicht." Aus der Summe dieser beiden Einstellungen ist dann vielleicht der 'eine oder andere persönliche Vorteil zu ziehen. Die besagte Servilität ist in jenen Fällen vielleicht noch verständlich, wenn auch gesamtgesellschaftlich schädlich, in denen es tatsächlich um materielle Vorteile eines Arbeitsplatzes, einer Genehmigung, eines Mandats geht. Sie wird aber oft auch ganz ohne Notwendigkeit eingesetzt.

Am Beispiel der „Kronen Zeitung" lässt sich der Zustand unseres Missvergnügens ebenfalls demonstrieren: Vor allem seit dem berühmt-berüchtigten Brief der beiden sozialdemokratischen Politiker Alfred Gusenbauer (Bundeskanzler) und Werner Faymann (geschäftsführender SPÖ-Chef) an den Herausgeber der „Kronen Zeitung", Hans Dichand, im Frühsommer 2008 mit der Selbstverpflichtung, über jede Änderung des EU-Vertrages eine Volksabstimmung abzuhalten, hebt von Zeit zu

Zeit ein Gezeter über den unzulässigen Einfluss dieser Tageszeitung auf die politische Gestaltung des Landes an.

Etliche Medienleute können die Klage, auch die derzeitige Regierung hänge am publizistisch-politischen Tropf des Massenblattes, gar nicht oft genug erheben. Die Rechtfertigung wird ihnen von der SPÖ frei Haus geliefert. In der Tat lässt sich etwa bei der Auseinandersetzung um die Abschaffung der allgemeinen Wehrpflicht eine direkte Linie ziehen: Von der Kampagne der „Kronen Zeitung" für ein Aus der Wehrpflicht zur Wahlpanik der Wiener SPÖ im Oktober 2010 wegen des drohenden Verlusts der absoluten Mehrheit zu Michael Häupls Gedankenblitz, wenige Tage vor dem Urnengang die Abschaffung der Wehrpflicht zu verlangen, zur Änderung der Haltung des sozialdemokratischen Verteidigungsministers, Norbert Darabos, zum Konflikt in der rot-schwarzen Koalition und zur Verschwendung aller politischer Energie auf dieses Thema. So weit, so bedauerlich!

Wenn aber dieselbe Klage über die versteckte Machtausübung der „Kronen Zeitung" von Medienkonsumenten erhoben wird und des Jammerns über politisches Kampagnisieren auf dem Boulevard kein Ende ist, sieht die Sache schon anders aus. Das Massenblatt bezieht seinen Einfluss aus keiner anderen Quelle als seiner Verkaufszahl. Die Reichweite der „Kronen Zeitung" kommt nicht von ungefähr. Auch sind keine versteckten, dunklen Mächte am Werk, die das Blatt täglich in Millionenexemplaren aufkaufen, um so dessen Einfluss abzusichern. Am Ende des Tages tragen die Leser der „Kronen Zeitung" die Verantwortung.

Sobald man aber Zuhörer darauf aufmerksam macht, trifft man wieder auf diesen leeren Blick. Die Logik – je weniger Käufer ein Medium hat, desto geringer sein Einfluss auf die Politik – scheint für viele Menschen oft nicht nachvollziehbar. Einfacher ausgedrückt: Sie wollen den Zusammenhang zwischen ihrem eigenen Konsumverhalten und der Macht der „Kronen Zeitung" nicht zur Kenntnis nehmen. Diese würde sich aber über Nacht anders gestalten, würden Hunderttausende Leser ihre Eigenverantwortung zur Reduzierung dieser Macht wahrnehmen und in den Käufer- oder Abonnentenstreik gehen. Präsentiert man diese Idee, stößt sie auf totale Verwunderung. Der Gedanke scheint nicht einmal jenen Wählern / Bürgern zu kommen, die sich am heftigsten über das Unheil, das die weltweit größte Tageszeitung für Österreich bedeute, erregen können. Die logische Frage, welche Charakteristika der österreichischen Gesellschaft diesen ersten Platz erst ermöglichen, will sich niemand stellen.

Geht man von der These aus, dass eine lebendige und gefestigte Demokratie informierte Bürger erfordert, ist es um Österreich, in dem eine Massenzeitung mit Hang zum Kampagnenjournalismus eine Reichweite von über 40 % aufweist, nicht sehr gut bestellt. Das wirft auch die Frage auf, ob Information eine Holschuld der Bürger ist oder eine Bringschuld der Politik und der Medien? Wenn man sie als Bringschuld der Medien sieht, dann sind seit vielen Jahren Zweifel angebracht, ob diese in Österreich ihren demokratiepolitischen Part der Kontrolle der Politik auch wirklich wahrnehmen.

Das Beispiel der klammheimlichen Ausweitung der Legislaturperiode des Nationalrats wurde bereits erwähnt. Sie fand unter dem Radar der öffentlichen Aufmerksamkeit statt, weil die Medien diese nicht auf die Verabschiedung des entsprechenden Gesetzes lenkten. Das Beispiel des sogenannten Mafia-Paragrafen im Strafgesetz wäre exemplarisch hinzuzufügen. Bei seiner Einführung war er nicht wirklich Gegenstand eines öffentlichen Diskurses. Auch deshalb, weil er offiziell dem Kampf gegen den internationalen Terrorismus dienen sollte. Angewendet wird er aber offenbar, um unwillkommenes Verhalten von Gruppen der Zivilgesellschaft abzustrafen. Erst durch die Justiz-Posse um den Prozess gegen Tierschützer am Landesgericht Wiener Neustadt wurde er zum Thema. Dieses Strafverfahren wurde jedoch dilettantisch abgewickelt[17], war unverhältnismäßig lang, wies Erhebungs- und Verfahrensfehler sonder Zahl auf und fügte damit der Justiz mehr Schaden zu als Aktivisten den Objekten ihres Protests. Denn Vertrauen in die Justiz ist für ein stabiles demokratisches Gefüge unerlässlich. Alles, was dieses beschädigt, dient der Entdemokratisierung einer Gesellschaft.

Fühlt sich eine ausreichend große Zahl an Bürgern von dieser kaum merklichen Auszehrung der Demokratie betroffen? Wohl kaum. Von Protestaufmärschen vor dem Justizministerium ist nichts bekannt, von einem Tsunami an Protestmails an die Justizministerin auch nicht.

Die Hauptursache für diese – hier nur exemplarisch beschriebene – Entkoppelung der Bürger von der res publica, den Angelegenheiten des Staates und der Gemeinschaft also, liegt auch in einer gewissen Verwirrung über die Bedeutung des Staates Österreich für den Einzelnen und in einem gestörten Verhältnis zu diesem Staat. Er war nicht von seinen Bürgern selbst erkämpft und geschaffen, nicht 1920, nicht 1945. Sie glauben daher, keinen Anteil daran zu haben, jedenfalls nicht in dem Ausmaß, das eine starke Identifizierung mit der Republik als Ganzes ermöglichen würde. Heute ist mit „Aufbau des Staates Österreich" immer nur der materielle Wiederaufbau nach 1945 gemeint.

Eine Umfrage[18] im Oktober 2010 ergab, dass nicht einmal die Hälfte der Österreicher, genau 48 %, stolz auf ihr Land ist. Bezeichnend ist auch, worauf Österreicher im Ausland in Bezug auf die Heimat stolz sind. Da sprechen sie dann von Wolfgang Amadeus Mozart, der Landschaft, der Staatsoper, der Musik und keineswegs von Errungenschaften, an denen sie irgendwie selbst beteiligt waren. Sind sie gegenwärtig auf die Fülle von Patenten stolz, die international angemeldet werden? Die österreichische Wirtschaft und Forschung ist besser, als es der Öffentlichkeit bekannt ist, aber diese leitet daraus keinen Stolz ab, was an und für sich schon bezeichnend ist.

Die meisten Menschen identifizieren sich, wie besagte Umfrage zeigte, eher über das Bundesland, in dem sie leben, als über den Gesamtstaat. Demnach fangen nur 17 % der Vorarlberger, 38 % der Kärntner, 42 % der Oberösterreicher, 48 % der Wiener, weniger als die Hälfte der Steirer, 50 % der Niederösterreicher, aber 64 % der Burgenländer und Tiroler mit dem Gesamtstaat emotional etwas an. Die Ironie dabei: Die meisten

Bundesländer, in denen aber die Demokratie viel weniger ausgeprägt und mit Leben erfüllt ist als im Bund, fördern diesen Mangel an gesamtstaatlicher Identifikation auch noch durch ihr Verhalten. Bei jeder sich bietenden Gelegenheit wird der Gegensatz Bundesland – Bundespolitik herausgearbeitet und verstärkt. Jeder Landespolitiker in Vergangenheit und Gegenwart, der sein eigenes Profil auf Kosten der Bundespolitik schärfen und seine eigene Popularität im Widerstand „gegen Wien" als Deckname für die Bundesregierung stärken will, trägt in Wahrheit die Verantwortung für die Entkoppelung des Bürgers von der Politik, in der wiederum der Sargnagel der gefestigten Demokratie zu finden ist.

Im Gegensatz zu und im Widerstand gegen Wien konnte die Steiermark vor 30 Jahren unter ihrem Landeshauptmann Josef Krainer jun. ungestört das Image der politischen Avantgarde der Republik pflegen, auch wenn die Praxis der Landespolitik diesem Image diametral entgegenstand. Konflikte mit Wien erhöhten das Selbstwertgefühl der Steirer und somit die Popularität jener Landespolitiker, die diese Konflikte suchten. Die Ausfälle des sozialdemokratischen Landeshauptmanns Franz Voves gegen die sozialdemokratisch geführte Bundesregierung 2006 und dann vor der Landtagswahl 2010 waren nur ein schwaches Echo jener Donnerwetter, die über Wien vom Wechsel her in der Ära Krainer niedergegangen waren.

Im Land Kärnten haben zahllose Politikergenerationen von diesen Konflikten mit Wien gelebt. Sozialdemokratische, konservative, freiheitliche, orange – bis in die Gegenwart. So gesehen ist die schlechte Position Kärntens auf der Stolz-Skala keine Überraschung. Aus dieser Gegnerschaft zu Wien, aus der Verächtlichmachung der Bundeshauptstadt und aus einem völlig unsinnigen Rückgriff auf die Geschichte des Kärntner Abwehrkampfes 1919 bezogen und beziehen die Kärntner Landespolitiker ihre Statur im Land. Nur im Schatten des „Kampfs gegen Wien" konnten sich jene skandalösen Vorgänge abspielen, die das Land an den Rand der wirtschaftlichen Insolvenz gebracht haben. Die Diffamierung der Republik als einheitliches Staatsgefüge speist gerade in Kärnten ein etwas schwaches regionales Selbstbewusstsein und ermöglicht einem Gutteil der Landesbevölkerung den Wechsel vom Minderwertigkeits- zum Überwertigkeitsgefühl. Diese Chance wurde immer politisch honoriert.

Der ständige Rekurs auf die Geschichte, wenn es um Erklärungen für das (gestörte) Verhältnis vieler Österreicher zu ihrem Staat geht, ist jedoch polit-psychisch ungesund. Der Kärntner Abwehrkampf kann nicht immer wieder politisch nachgestellt und so in der Gegenwart ad infinitum instrumentalisiert werden. Einmal muss Schluss sein mit der Geschichte als Entschuldigung und monokausalem Begründungszusammenhang für die Gegenwart. Als Erklärung ist sie notwendig, aber als Rechtfertigung für anachronistische Einstellungen im modernen Österreich hat sie ausgedient.

Was für das Leben des einzelnen Menschen gilt, trifft auf die Bevölkerung eines Staates mit einer, zugegeben, bewegten Geschichte zu: Es blockiert den Reifeprozess eines Menschen, wenn er sein Verhalten als Erwachsener ausschließlich mit seiner schwierigen Kindheit zu entschuldigen versucht. Ab einem gewissen Alter muss die Eigenverantwortung schlagend werden. Fehler und versäumte Chancen sollten dann nicht mehr mit Lieblosigkeit oder übermäßiger Liebe, mit Dominanz oder Vernachlässigung durch die Eltern entschuldigt werden.

Mit anderen Worten: Die Verantwortung für diesen Staat Österreich muss heute von allen gemeinsam und jedem Einzelnen übernommen werden. Die Geschichte taugt nicht mehr als Fluchtort vor der Verantwortung.

Ersetzt man Geschichte mit dem Begriff „gewachsene Strukturen", landet man bei der gleichen Analyse. Dieser Begriff dient seit Jahrzehnten als Vorwand für Reformunfähigkeit.

Stich- und Reizwort zugleich: Verwaltungsreform. Auf der Suche nach Alibis für die eigene Untätigkeit und Trägheit erweisen sich Politiker und Bürger als Komplizen. Vom ehemaligen Vor-Denker der steirischen ÖVP, der später in Funktionen und Institutionen gerutscht ist und somit wortzahm geworden ist, von Bernd Schilcher, stammt im Zusammenhang mit der nationalen Quälerei einer Neuorganisation des Bildungswesens folgender Satz: „Die größte Zumutung für Österreich ist, sich zu bewegen und etwas zu ändern."[19] Diese Feststellung traf er, man muss es erwähnen, erst als er alle politischen Funktionen schon längst wieder verlassen hatte. Wenn sie zutrifft, bedeutet dies: Österreichs Politiker erweisen der Bevölkerung im Grunde eine Wohltat, indem sie ihr seit Jahrzehnten Zumutungen dieser Art ersparen.

Das ist natürlich blanker Unsinn, aber auch wieder nicht so weit hergeholt, dass er – siehe Komplizenschaft –

nicht doch ein Quäntchen Wahrheit beinhalten würde. Der Satz, man dürfe der Bevölkerung nicht zu viel zumuten, ist in Diskussionen oft zu hören und wird immer als Freibrief für die Verschiebung der erforderlichen Änderungen in diesem oder jenem Bereich angeführt.

Und dennoch ist der Verweis auf die „gewachsenen Strukturen" oft nicht mehr als eine Schutzbehauptung (Vorgaukelung falscher Tatsachen zur Rechtfertigung des eigenen Verhaltens) der Politiker aus Angst vor ihren Wählern. Sie schützt vor Verlusten an den Urnen. Aber auch hier muss auf die Mittäterschaft der Bürger verwiesen werden.

Ein Beispiel aus dem Gesundheitsbereich kann dies anschaulich machen: Es ist gesicherte Weisheit in Politik- und Expertenkreisen, dass die Struktur des Spitalswesen, wie sie sich entwickelt hat und wie sie von Regional- und Lokalpolitikern weiterhin aufrechterhalten wird, auf die Dauer nicht finanzierbar ist – es sei denn, man erhöht den finanziellen Beitrag der Bürger, in welcher Form auch immer. Als sich jedoch zum Beispiel in Oberösterreich ein sozialdemokratischer Bürgermeister für die Schließung eines völlig überflüssigen und nicht ausgelasteten Krankenhauses in seiner Gemeinde ausgesprochen hatte, wurde er prompt bei der nächsten Wahl von den Bürgern dieser Gemeinde aus dem Amt gejagt. Sein Konkurrent der ÖVP, der den Lokalegoismus in dieser Frage heftig bedient hatte, machte das Rennen.

Zwei Erkenntnisse lassen sich daraus gewinnen: Zum einen wird die Niederlage des veränderungswilligen SPÖ-Bürgermeisters allen anderen Politikern eine Lehre sein und ihre eigene Neigung zum Angriff auf „gewachsene Strukturen" gegen null drücken. Zum anderen sind die Wähler in diesem konkreten Fall Opfer einer Illusion: Nicht der „Staat", nicht das Bundesland, nicht einmal ihre eigene Gemeinde wird für die Aufrechterhaltung eines unnotwendigen Krankenhauses aufkommen, sondern sie selbst mit ihrem Steuergeld – via Sozialversicherung und Budgetausgaben. Da sie sich aber, wie schon erwähnt, mit dem Staat nicht wirklich identifizieren, kommen sie gar nicht auf die Idee, sich mit der Auflassung / Einsparung einer teuren Unnotwendigkeit selbst einen Gefallen zu tun.

Identifikation bedeutet in Politik wie Psychologie „Gleichsetzung". In der Individualpsychologie meint der Begriff Einzelne, in der Politik die Einstellung der Einzelnen zu einer Gruppe. In Österreich ist die Übereinstimmung der Bevölkerung mit ihrem Staat schwer zu erreichen – und in der jüngeren Geschichte seit 1945 meist nur dann, wenn gleichzeitig eine Gegnerschaft zu jemand anderem hergestellt wurde.

Da war einmal der Wahlkampf um die Bundespräsidentschaft 1986, der zu Aufwallungen an Österreich-Gefühlen führte. Die Slogans der ÖVP zur Verteidigung Kurt Waldheims gegen Vorwürfe, Teile seiner Biografie bezüglich seines Einsatzes am Balkan im Dritten Reich verschwiegen zu haben, ist vielen noch gut in Erinnerung: „Wir wählen, wen wir wollen" oder „Jetzt erst recht". Waldheim wurde auch, wenn nicht sogar vor allem, in Gegnerschaft zur „amerikanischen Ostküste" ins Amt gewählt. Dieser Begriff wurde und wird auch von jenen, die sonst nicht den Blick über den österreichischen Tellerrand richten, als Chiffre für jüdische Organisationen verstanden. Daher bedeutete eine Unterstützung für Waldheim eben auch eine Gegnerschaft zum Jüdischen Weltkongress, latenter Antisemitismus inbegriffen.

In dieser Geisteshaltung profitierten Teile der Bevölkerung auch drei Jahre nach Ausscheiden Bruno Kreiskys aus der Politik von dessen Konflikt mit Simon Wiesenthal fast ein Jahrzehnt zuvor. Kreisky ließ damals mit Äußerungen aufhorchen, die von vielen klar als antisemitisch verstanden wurden. Er lieferte somit vielen die Rechtfertigung für ihre eigene antisemitische Einstellung, was zum Teil auch zu Kreiskys politischen Erfolgen beigetragen hatte. Die damals gängige – und für viele bequeme – Logik: Wenn der Jude Kreisky solche Äußerungen öffentlich mache, könnten diese nicht antisemitisch sein, ergo sei man selbst vom Antisemitismus exkulpiert. Auch daraus bezogen viele 1986 ihren Furor gegen die Gegner Kurt Waldheims: „Das lassen wir uns doch nicht gefallen."

Und da waren 2000 die sogenannten „Sanktionen" der anderen EU-Mitgliedstaaten nach dem Abkommen zwischen Wolfgang Schüssel (ÖVP) und Jörg Haider (FPÖ) und der Bildung der schwarz-blauen Regierung. Ein Repräsentant dieser Koalition sollte später einmal zugeben: „Die Sanktionen waren das Beste, das uns passieren konnte." Und sie wurden entsprechend politisch instrumentalisiert, um den Anhängern der neuen Regierungskonstellation und darüber hinaus Gefühlswallungen pro Österreich zu entlocken. Es spielte natürlich keine Rolle, dass von „Sanktionen" im völkerrechtlichen Sinn, also etwa von wirtschaftlichem Druck zur Erreichung einer Verhaltensänderung, keine Rede war. Es wurden lediglich die Beziehungen zwischen Österreich und den einzelnen EU-Mitgliedstaaten auf Beamtenebene herabgestuft. Die EU-Mitgliedschaft als solche war nicht betroffen. Aber der innenpolitische Hype um den Ärger der anderen EU-Staaten reichte für das Aus- und Aufreizen von Österreich-Wallungen völlig aus.

Identifikation über den Feind von außen und / oder Feindbilder ist nun wirklich nicht österreich-spezifisch und überall und immer ein beliebtes Instrument der Politik. Nachdenklich sollte nur stimmen, warum sie in Österreich der Bevölkerung meist nur im Negativen, nie im Positiven zu entlocken ist; warum es nicht gelungen ist, zu diesem Staat Österreich eine Beziehung aufzubauen, die nicht vornehmlich im Kontrast zu anderen Ländern definiert wird, sondern genuin die Demokratie trägt und unzerstörbar(er) macht.

Die kollektive Ablehnung der angeblichen Einmischung von außen erspart zudem die Frage nach der individuellen Verantwortung für die kritisierten Zustände im eigenen Land. Das entspricht im Inland der Gepflogenheit, die ganze Schuld auf „die Politiker" zu projizieren und sich selbst damit aus der Verpflichtung zu nehmen. Im Gegensatz zu manchen anderen Ländern wird Einmischung in öffentliche Angelegenheiten oder Widerstand gegen Entscheidungen „von oben", auch bei persönlicher Betroffenheit, sozial nicht honoriert. Im Gegenteil, wer sich zur Wehr setzt, wird oft mit negativen Reaktionen – auch in der eigenen Umgebung – konfrontiert und zur Aufgabe gedrängt. Hier eine Auslese: „Bist narrisch, das kann Dir nur schaden." „Tu Dir das doch nicht an." „Bleib ruhig." „Wozu engagierst Du Dich?" Das bedeutet nichts anderes, als dass aus Engagement und Mitgestaltungswillen keine soziale Anerkennung zu lukrieren ist. Daher ist eine ganz besondere Betroffenheit vonnöten, um diese gesellschaftlichen Hürden zu überwinden. Und diese ist eben in einer Gemeinschaft, in der sich so viele vom öffentlichen Geschehen, der Politik, dem Staat nicht betroffen fühlen, schwer zu haben. In Österreich landen Widerspenstige wahrscheinlich rascher im Lager der Querulanten, auch in der Einschätzung ihrer engsten Umgebung, als anderswo.

Widerständigkeit sollte nicht nur das Resultat eines bereits unerträglichen Leidensdrucks, einer Portion Masochismus und diverser kopflastiger Aktionen sein. So lange sich nämlich jene 58 %, die sehr wohl glauben, ihre Umgebung beeinflussen zu können, nicht melden, so lange sehen sich Politiker aller Couleurs bevollmächtigt, Kritik beiseite wischen, Ideen ignorieren, Forderungen nach Veränderung verdrängen zu können. So etabliert sich allmählich ein Kreislauf von Indifferenz und Machtanspruch, den Österreich auf eigene Gefahr toleriert; den es jedoch umgehend zu durchbrechen gilt.

Für manche wird der Hinweis, wir leben in einem pseudoautoritären System, überzogen sein. Die Definition einer autoritären Gesellschaft von Theodor Adorno, Soziologe und Philosoph, beweist jedoch das Gegenteil:

Bereitschaft zur Unterwerfung, Mangel an Kritik der Autoritäten, Aggression gegen Schwächere. Was daran erkennen wir nicht wieder?

Die Bereitschaft sich zu unterwerfen um eines Postens, einer Funktion, einer Karriere, einer Wohnung, irgendeines persönlichen Vorteils willen, ist weitverbreitet; der Mangel an Kritik an Autoritäten im öffentlichen Raum sicher auch, vergrößert und vergröbert in einer Medienlandschaft mit Konzentration und Käuflichkeit per Werbung. Die Aggression Schwächeren gegenüber, alias Fremdenpolitik, ist seit mehr als 15 Jahren gewissermaßen Staatsdoktrin, gesetzlich abgesichert durch immer schärfere Bestimmungen, vorangetrieben durch immer mehr zugespitzte Slogans der FPÖ und angetrieben durch die wachsende Angst der staatstragenden Parteien vor der Wirkung und dem Erfolg dieser Slogans.

Worin ist diese gespaltene Haltung der Bürger den Autoritäten gegenüber in Österreich begründet? Man kann dafür selbstverständlich wieder historische Gründe anführen, der Übermacht des Katholischen die Verantwortung zuschieben, aber gemäß des Postulats „Ende mit der Geschichte als Ausrede für gegenwärtige gesellschaftliche Strömungen" ist das nicht zielführend. Auch nicht sonderlich konstruktiv.

Vielmehr hilft die These von der Ich-Schwäche weiter. Sie führt zur ungenügenden Fähigkeit, Gefühle zu zeigen, Affekte zu beherrschen, rational zu denken. Ich-Schwäche setzt sich, individuell und kollektiv, direkt in mangelndes Selbstwertgefühl um. Daher die häufigen Stimmungsschwankungen im Land, die mitunter eine völlig unrealistische Überlegenheit anderen gegenüber bewirkt. Menschen mit schwachem Selbstwertgefühl sind gezwungen, sich von Zeit zu Zeit in machtfantasierende Überlegenheit zu flüchten, um ihr geringes Selbstbewusstsein auszugleichen.

Man kann die Behauptung aufstellen, dass das Minus an nationalem Selbstbewusstsein *der* bestimmende Einflussfaktor der politischen Entwicklung seit 1945 war und die Hauptursache für jene Politikerverdrossenheit und -verachtung, die sich in den letzten Jahrzehnten als demokratiepolitisches Zersetzungsmaterial herausgebildet hat.

Ein kurzer historischer Einschub über die Zeit nach 1945, um den richtigen Kontext für diese Behauptung herzustellen: Das Land wurde zwischen Schwarz und Rot aufgeteilt, wohl auch in dem ursprünglich ehrbaren Bemühen, ihm die Auseinandersetzungen der 30er-Jahre in alle Ewigkeit zu ersparen. Das führte allerdings zur Übermacht von zwei Parteien, die den Einflussbereich der jeweils anderen schonten. Auf der Basis dieser Übereinkunft begann dann die Durchdringung aller Lebensbereiche mit Parteipolitik – auch jener der einzelnen Bürger, die sich dagegen nie wirklich gewehrt hatten, auch dann nicht, als die Sozialistische Partei nach acht Jahren absoluter Mehrheit im Nationalrat in ihrem Programm von 1978 die „Durchdringung aller Bereiche mit Demokratie" proklamiert hatte. Sie blieb Theorie, die Durchdringung mit Parteiinteressen gängige Praxis. Aus der Möglichkeit, Karrieren zu gestalten, Wohnverhältnisse zu bestimmen, Privilegien zu gewähren oder zu versagen, bezogen die Vertreter von SPÖ und ÖVP auf allen Ebenen des demokratischen Gefüges ihre (Über-)Machtposition. In „gelenkten Demokratien", wie sie in verschiedenen Bundesländern etwa vorzufinden sind, ist dies heute noch ziemlich unkontrolliert der Fall.

Und die Wähler arrangierten sich mit dem System. Familien, in denen jeweils ein Parteibuch von SPÖ und ÖVP verwaltet wurde, weil man ja für das Fortkommen von zwei Kindern gerüstet sein wollte, waren keine Seltenheit. Das kann man aus einer bestimmten wirtschaftshistorischen Situation als freiwillige Unterwerfung unter die Parteienherrschaft interpretieren. Ein solcher Zustand ist dem Selbstwertgefühl jedoch nicht förderlich. Linderung war daher nur aus der gleichzeitigen Verachtung für Parteien und Politiker zu beziehen. Das Eingeständnis der eigenen Schwäche erfordert weit mehr demokratische Reife als die Möglichkeit, jemanden zu verabscheuen, der eben diese Schwäche ausnützt. Mit anderen Worten: Das eigene Anspruchsdenken galt (und gilt) als legitim, während die Befriedigung der Ansprüche durch die Politik als verwerflich gesehen wird. Dass das eine das andere bedingt, wird nicht gerne zugegeben.

Das heißt, es kann nicht ausschließlich die Schuld der Politiker sein, dass es so weit gekommen ist. Der Zustand der Demokratie sagt etwas aus über das dialektische Verhältnis von Staat, Politik und Bürger. Die Bürger haben den Großteil der Zweiten Republik über diese „Gnadenpolitik" zugelassen und bereitwillig den Tauschhandel, materielle Vorteile gegen Stimme bei Wahlen, betrieben. Im Grunde funktioniert dieses System heute noch in den Bundesländern, unverhohlen etwa in Kärnten.

Übernehmen die Bürger die Verantwortung für ihr Verhalten, das Politiker zu ununterbrochenen Machtansprüchen und in manchen Fällen wie eben in Kärnten zu Missbrauch verleitet? Wohl kaum – oder *noch* nicht.

Dennoch ist es an der Zeit, wenigstens die Jugend des Landes gegen dieses kollektive Fehlverhalten zu immunisieren. Dies zu Ende gedacht, landet man im Bildungssystem und der ernüchternden Erkenntnis, dass in den Bildungseinrichtungen natürlich Lehrpersonal tätig ist, welches das Gnadensystem selbst verinnerlicht hat, weil es auch mit keinem anderen konfrontiert worden ist.

Die Gesellschaft wird sich aber mit der Frage auseinandersetzen müssen, welche junge Generation eigentlich wünschenswert wäre, und ob nicht dringend die allgemeine Einstellung zu Kindern und Jugendlichen zu ändern wäre. Es müssen von der Politik Rahmenbedingungen für die nächsten Generationen erzwungen werden, die eine Festigung der Demokratie auf einen menschlich vorhersehbaren Zeitraum ermöglicht. Die Jungen heute und morgen müssen mit der Rede des US-Präsidenten Barack Obama etwas anfangen können: „Wir sind diejenigen, auf die wir gewartet haben."

Und wie also soll die österreichische Gesellschaft beschaffen sein, auf die „wir gewartet“ haben?

In Österreich herrscht eine Art nationaler Konsens darüber, dass Gehorsam im Allgemeinen und vorauseilender Gehorsam im Speziellen zu den hervorstechenden Merkmalen der Gesellschaft gehören. Wenn dem so ist, lebt die Mehrheit der Österreicher in zwei Welten. Denn das Wort Gehorsam kommt von Gehör, von hören oder hinhören. Davon kann aber in Zeiten steigender Politik-Apathie und Politikerverdrossenheit wohl nicht gesprochen werden. Das auf der politischen Bühne Gesagte wird immer weniger wahrgenommen, erregt immer weniger Interesse, wird also immer weniger gehört und / oder verarbeitet. Gleichzeitig ist aber das Ende des Gehorsams, der Unterordnung unter tatsächliche und vermeintliche Autoritäten über das gesetzlich erforderliche Maß hinaus, nicht in Sicht.

Vorauseilender Gehorsam im österreichischen Kontext meint die freiwillige, noch gar nicht eingeforderte Erfüllung angenommener, vermuteter, erahnter Wünsche. Das heißt, dieser Gehorsam kommt nicht auf Druck zustande, sondern wird genau deshalb geleistet, um erwarteten, vermeintlichen Druck zu vermeiden.

Auslöser dieser Verhaltensweise sind einerseits verwirrende Emotionen, andererseits unbestimmte Ängste vor nicht vorhersehbaren Konsequenzen bei nicht Befolgung von (noch gar nicht erteilten) Anordnungen, was letztlich

wieder auf ein ungenügendes Selbstwertgefühl hinausläuft, die Wurzel aller Unterwürfigkeit.

Aus vorauseilendem Gehorsam kann derjenige, der ihn
akzeptiert, dreifachen emotionalen Nutzen ziehen, weshalb
er oft nicht als negativ empfunden wird: Zum einen wird
die diffuse Angst vor Konsequenzen aufgelöst, weil man
diese von vornherein vermeidet. Zum anderen kann die
Illusion, freiwillig zu handeln, und sich somit einen Rest
an Selbstbestimmung bewahrt zu haben, aufrechterhalten
werden. So werden Demütigungen umgangen, weil es bei
Freiwilligkeit ja keinen Zwang gibt. Zum Dritten werden
befürchtete Konflikte vermieden und Belohnung für
Wohlverhalten erwartet. Da mangelnde Zivilcourage nicht
in allen Fällen als Feigheit daherkommt und erkannt wird,
hält sich auch der soziale Nachteil in Grenzen.

Man wird nicht fehl in der Annahme gehen – und
Selbstversuche könnten hier die Bestätigung liefern, niemand glaube sich völlig frei von jeglichem Untertanen-
reflex –, dass parallel zu jedem Akt des vorauseilenden
Gehorsams bei den betreffenden Personen ein innerer
Monolog mit folgenden Stehsätzen abläuft: „Wie soll ich
mich verhalten, dass es den Erwartungen entspricht?"
„Was soll ich tun, um möglichst viele Vorteile daraus zu
ziehen und möglichst viele Nachteile zu vermeiden?"
„Was soll ich sagen?" „Wie vorsichtig soll ich sein?" „Wie
rasch und unkritisch soll ich das erledigen, was von mir
erwünscht wird?" Solche inneren Monologe können
anstrengend sein. Auf diese Weise werden Handlungen
und Auftreten Einzelner im öffentlichen Raum zur Mühe
und jeder Spontaneität beraubt.

Eigentlich werden innere Monologe dieser Art immer mehr zu Stimmen aus der Vergangenheit. Denn mit der durch schlechte Wirtschaftsperformance erzwungenen Zurückdrängung des Staates aus Unternehmen, der folgenden Privatisierung und des Aufnahmestopps im öffentlichen Dienst von Zeit zu Zeit, ist die Gnadenpolitik weniger effektiv geworden. Nicht mehr so viele Karrieren werden ausschließlich von Politikern und Amtsträgern gemacht oder gebrochen. Parteipolitiker haben die unteren Arbeitsebenen mangels Masse an zu vergebenden Posten bereits verlassen. Diese Veränderungen müssten als demokratiepolitische Chance verstanden werden: Politiker haben nicht mehr so viel zu verteilen, Bürger von ihnen nicht mehr so viel zu erwarten wie in der Vergangenheit. Das sollte einer Freilassung in die Eigenverantwortung gleichkommen.

Allein, was fangen viele Österreicher mit dieser Entlassung in die Selbstbestimmung an? Das hängt jetzt – und in Zukunft noch viel stärker – vom Selbstvertrauen des Einzelnen ab; also davon, was sich jemand nicht nur „traut", sondern vor allem „zutraut". Um dies abschätzen zu können, muss jeder Bürger für sich selbst einmal Klarheit schaffen. Das bedeutet individuelle Motivforschung über das eigene Verhalten im öffentlichen Raum. Auf der Basis dieser Selbsteinschätzung gilt es dann zu handeln. Das kann in dem einen oder anderen Fall durchaus in der Einsicht münden, ohnehin keinerlei Aktivität entfalten zu wollen. Klarheit über die eigenen Motive kann in diesen Fällen zu weniger Zerrissenheit führen, den Zwang zu Schuldzuweisungen reduzieren und im idealen Fall einen Rückgang der Aggression Schwächeren gegenüber bewirken.

Ängstlichkeit als Hauptmotiv für öffentliches Handeln ist zu akzeptieren. Nur wer sich selbst Angst vor Nachteilen zugesteht, erspart sich jeden Anfall von Selbstverachtung. Dann muss diese aber auch nicht durch Aggressionen gegen andere, sprich zum Beispiel Politiker, kompensiert werden. Ducken und aufrechter Gang sind zwei Bewegungsarten, die einander ausschließen.

Was also treibt jemanden an? Welche Motivation liegt seinem Verhalten in der Öffentlichkeit zugrunde?

Ist es Betroffenheit? Fühlt er sich ganz persönlich von den Zuständen im Staat berührt – im Positiven wie im Negativen? Akzeptiert er zum Beispiel die Bundesverfassung als Regelwerk für sein Tun und Handeln in diesem Staat, bedeutet sie ihm etwas, dann wird er motiviert genug sein, gegen ihre Verstöße, von welcher Seite immer, aufzutreten. Es bleibt nur zu hoffen, dass bei einer eklatanten Gefährdung des demokratischen Systems genügend Österreicher von dieser Betroffenheit zu seiner Verteidigung angetrieben werden – entgegen allen pessimistischen Befunden in Umfragen.

Ist für ihn Sicherheit der höhere Wert in seinem Leben? Dann wird er sich mit Kritik und Änderungswünschen eher zurück- und im öffentlichen Raum ruhig verhalten. Jene Sicherheit, die er in seiner Lebensgestaltung gefunden hat, wird er durch Protest gegen falsche Entwicklungen nicht gefährden wollen.

Ist es Ärger oder Wut? Dann wird er gut daran tun, Mittel und Wege zum Abbau dieser Antriebskraft zu finden, bevor sie sich in Aggressionen gegen sich selbst oder andere manifestiert.

Ist es Gleichgültigkeit? Dann kann er sich in diesem emotionalen Rahmen gemütlich einrichten und ungestört in Distanz zum öffentlichen Geschehen leben.

Im Prinzip sind all diese Antriebsfaktoren nicht zu reihen oder zu werten. Moralische Kategorien sind für philosophische Betrachtungen wichtig. Hier geht es nur um das Erkennen der individuellen Begründung für dieses oder jenes Verhalten als Mitglied eines Staatsganzen.

Zur Veranschaulichung hier die Beschreibung einiger Szenen, wie sie immer wieder vorkommen können. Sie eignen sich hervorragend zur Selbstbeobachtung. Bei einer Wahlkampfveranstaltung, einer Eröffnungsfeier oder Festrede trifft man etwa in Niederösterreich auf Landeshauptmann Erwin Pröll, in Wien auf Bürgermeister Michael Häupl.

Der Ängstliche wird die Gelegenheit eines Meinungsaustausches versäumen, weil sein innerer Monolog mehr Zeit zu einer Entscheidung benötigt, als sie das zufällige Aufeinandertreffen von Politiker und Bürger hergibt. In Niederösterreich wird der Ängstliche zu lange zögern, um Pröll anzusprechen. Er wird ihm nicht sagen, dass ihn – laut Medienberichten – die Vergeudung von etlichen hundert Millionen Euro beim Bau des Skylinks am Wiener Flughafen empöre. Und, wie bitte, könne es der Landeshauptmann als Vertreter der Steuerzahler in der Wiener Flughafengesellschaft verantworten, dass ein Rechnungshofbericht aus dem Jahr 2001, der diese Vergeudung verhindern hätte können, einfach in einer der

Schubladen des auch unter seiner, Prölls, politischen Verantwortung eingesetzten Managements verschwinden habe können? In Wien wird der Ängstliche diese Fragen Michael Häupl auch nicht stellen.

Der Betroffene hingegen wird in Niederösterreich Pröll ansprechen und ihn im besten Fall in ruhiger und höflicher Weise mit den Spekulationsverlusten des Landes bei den Mitteln für die Wohnbauförderung, Steuergeld auch dieses, konfrontieren. Er wird ihn darauf aufmerksam machen, dass er eigentlich nicht gewillt ist, von Jänner bis Juli eines Jahres seine Arbeitskraft dem Staat zur Verfügung zu stellen, sodass dieser wiederum dem Land Mittel zur Verfügung stellen kann, die dann hochriskant veranlagt werden. Im schlechtesten Fall wird der Betroffene den Landeshauptmann fragen, was etwa den unverhältnismäßigen Ausbau der Straße zum Schloss Grafenegg gerechtfertigt habe und ob diese Mittel nicht besser zum Ausbau der Kindergärten in Niederösterreich verwendet hätten werden können? Das Verkehrsaufkommen auf dieser Strecke rechtfertige doch diese Chaussee sicher nicht.

Im besten Fall wird Pröll den Betroffenen mit einem Dementi abspeisen, im schlechtesten Fall hat dieser einen der lautstarken Auftritte zu erwarten, für die Pröll berüchtigt ist. Nicht zu erwarten ist, dass der Betroffene eine befriedigende Antwort bekommt, aber Pröll wird sich vielleicht doch Gedanken machen, wie gut seine Landesbürger informiert sind. Das wäre schon ein Anfang.

In Wien wird der Betroffene Häupl ansprechen und von ihm Auskunft über die Beteiligung der Stadt Wien an der Privatuniversität, der Modul University Vienna, am Wiener Kahlenberg verlangen. Diese war zusammen mit der Wiener Wirtschaftskammer und dem Saudi-Investor mit österreichischem Pass, Mohamed Bin Issa Al Jaber, errichtet worden. Der Betroffene wird Häupl fragen, wie viel er als Wiener dafür zu zahlen habe, dass Al Jaber dort mit seinen Stipendien-Zahlungen säumig ist, wo doch das ganze System dieses Prestigeprojekts darauf aufgebaut ist, weil voll zahlende Studenten für eine Bildungseinrichtung am Hügel ohne Campus-Leben und ohne Infrastruktur nie zu erwarten waren. Im besten Fall wird Häupl einen seiner sarkastischen Witze reißen, im schlechtesten sagen, das sei alles Sache der Wiener Wirtschaftskammer. Für die Kosten der falschen Entscheidungen der Gemeinde und der Wirtschaftskammer, für die er womöglich noch Zwangsmitgliedsbeiträge abzuführen hat, wird der Betroffene auch nach diesem Gespräch aufkommen müssen. Bürgermeister Häupl aber wird vielleicht die Illusion verlieren, sich weitere millionenschwere Fehlschläge der Gemeinde unter dem Radar der Aufmerksamkeit seiner Stadtbürger leisten zu können.

Der Sicherheits-Bewegte wird Pröll und Häupl mit der Frage konfrontieren, ob nicht im Landes- oder Gemeindedienst eine Möglichkeit für seinen Sohn, ausgebildet im IT-Bereich und seit zwei Jahren arbeitslos, bestehe. Er wird alles Politische meiden, vielleicht noch die gestiegene Kriminalität mit dem Wunsch nach mehr Exekutivbeamten verbinden. Er wird von beiden Landespolitikern im besten Fall mit irgendeinem Namen versorgt werden, bei dem sich Junior melden könne. Im schlechteren Fall wird er an irgendeine Stelle verwiesen werden. Pröll und Häupl werden mit sich und der Möglichkeit, Gnadenpolitik zu üben, zufrieden sein – auch wenn sich die angedeuteten Versprechungen letztlich in Missmut des Sicherheits-Bewegten auflösen werden.

Der Verärgerte wird in Niederösterreich und Wien eine ganze Liste von Dingen parat haben, von denen er wenigstens ein paar an Pröll und Häupl abarbeiten möchte: Das kann von Packelei über Parteibuchwirtschaft, über Geldverschwendung bei Landtags- oder Gemeinderatssitzungen mit des Hochdeutschen nicht mächtigen österreichischen Mandataren bis zur Einstellung von Nebenbahnen oder Seriendefekten bei der Wiener U-Bahn reichen. Wenn der Verärgerte seine Emotionen unter Kontrolle und die Fähigkeit hat, beide Politiker zum Zuhören zu veranlassen, können Pröll und Häupl aus solchen Listen durchaus Gewinn für ihre Arbeit ziehen. Sie werden auf sachliche Weise erfahren, was ihre Wähler mitunter wirklich wütend macht. Voraussetzung ist allerdings die Fähigkeit beider zur Selbstreflexion.

Der Gleichgültige wird die Anwesenheit der schwarzen und roten Prominenz kaum wahrnehmen. Er wird höchstens abfällige Bemerkungen machen, denen Umstehende bereitwillig zustimmen. Er hat kein Veränderungsbedürfnis und ist somit auch mitverantwortlich für den Realitätsverlust, der vor allem bei Politikern, die lange im Amt sind, ab einem gewissen Punkt nicht mehr zu leugnen ist. Diese leben in einer „Blase", ein Ausdruck, der aus dem Angelsächsischen kommt („bubble") und den

Rückzug von Politikern in einen Kreis von Abhängigen, Ja-Sagern und Unkritischen meint.

Es gibt, wie schon erwähnt, keine Wertigkeit der Motive, kein Ranking, wie es modern heißt. Erforderlich ist lediglich ein gewisses Maß an Gewissenserforschung und Selbsterkenntnis. Jeder einzelne Antriebsfaktor hat seine Berechtigung und wäre auch veränderbar. Diejenigen Bürger, die Veranlassung genug haben, die „Blase" von Politikern platzen zu lassen, sollten wissen: Zivilcourage ist lernbar. Man kann sie antrainieren. Sie kann von Mal zu Mal stärker werden.

Zu erreichen ist dies auf ganz einfache, jedem zugängliche Weise, indem jede Gelegenheit bei einer zufälligen Begegnung mit einem Repräsentanten der Politik ergriffen wird. Unterwürfigkeit soll bewusst durch ehrliche Sachlichkeit ersetzt, Hoffnung auf Vergünstigungen, etwa einer Baubewilligung, durch übermäßige Freundlichkeit hintangesetzt, Lügen mit Wahrheit ausgetauscht werden. Zivilcourage lässt sich auch in ganz kleinen Schritten erwerben, die aber in Summe in eine selbstbewusste Zivilgesellschaft und zu einem Ende des Gehorsams führen. Die Österreicher müssen sich nur dafür sensibilisieren (lassen).

Am Anfang ist die Sprache. Da sind an vorderster Front die Medien gefordert. Verben wie „geben, spenden, stiften, zuschießen, bieten, vergüten, aufbringen, austeilen, verschenken" und ähnliche mehr sollten aus der Berichterstattung im Zusammenhang mit den Einrichtungen der repräsentativen Demokratie (Regierung, Volksvertretungen auf allen Ebenen, also Nationalrat,

Landtage, Gemeinderat) und mit einzelnen Personen, die Zugriff auf das Geld der Steuerzahler haben, gestrichen werden. Denn in Wahrheit „gibt" weder ein Minister noch ein Landeshauptmann, noch ein Bürgermeister, noch ein Mandatar den Bürgern irgendeine Zuwendung, die nicht zuvor durch deren Steueraufkommen ermöglicht wurde. In den Medien muss eine stärkere Sensitivität für falsche Zusammenhänge Platz greifen. Weder die Regierung in ihrer Gesamtheit noch ein einzelnes Mitglied befriedigt irgendeinen Aufwand zugunsten der Bürger / Wähler aus eigener Tasche. Daher ist der Eindruck, der oft erweckt wird, es handle sich um eine Wohltat von oben, fatal und verstärkt nur das zentrale emotionale Leiden, an dem die österreichische Zivilgesellschaft viel zu lange krankt: Abhängigkeit, Hilflosigkeit und Ohnmacht.

Das beste Beispiel, welch unverhohlene Schamlosigkeit sich in den Köpfen von Politikern und Bürgern festgesetzt hat, ist – leider, muss man feststellen – wieder in Kärnten zu finden, früher und auch jetzt. Als sich Jörg Haider und später seine Nachfolger auf den Stiegen des Kärntner Regierungsgebäudes aufstellten, um 100-Euro-Geldscheine als Teuerungsausgleich oder Müttergeld oder unter welchem Titel immer persönlich an einzelne Bürger zu verteilen, so war deren Willfährigkeit, das Geld auch tatsächlich anzunehmen, jenseits der demokratiepolitischen Schmerzgrenze. Die Politiker gaben vor, das Geld zu verschenken, als käme es von ihren persönlichen Bankkonten, während es doch nur wieder aus den Taschen der Steuerzahler kam. Dass diese in Wirklichkeit vollgestopft mit Schuldscheinen sind, weil sie selbst für die hohe Verschuldung des Landes aufkommen werden müssen, war kein Thema. Der Glamour der Wohltätigkeit von oben, eben der beschriebenen Gnadenpolitik, verblendete. Doch wem ist hier der eigentliche Vorwurf zu machen? Jenen, die zu blenden suchten, oder jenen, die sich blenden ließen?

Er muss die Geblendeten treffen. Sie hatten die Wahl: Das Geld entgegenzunehmen oder vor die Blender hinzutreten und ihnen die Wahrheit offen ins Gesicht zu sagen.

Politiker „geben" prinzipiell nichts, weil es nicht persönlich ist, nicht aus ihrem eigenen Vermögen kommt: Sie geben keine Subvention, lassen keine Förderung zukommen – sie erfüllen höchstens geltende Bestimmungen. Das Einzige, was sie Bürgern „zukommen" lassen, ist die Erfüllung ihrer rechtlichen Ansprüche. Sie darauf immer wieder hinzuweisen, wäre die vornehmste Aufgabe der Medien. Wirkungsvoller allerdings wäre ein entsprechendes Auftreten der „Nehmenden". Auch das erfordert Zivilcourage. Je mehr Bürger jedoch den korrekten Zugang praktizieren, desto eher werden Politiker mit Gnadenattitüden sich an die neue Art des Auftretens der Zivilgesellschaft gewöhnen (müssen).

Apropos Sprache: In Österreich wird das Wort „Mut" oft nicht so sehr in einen verstärkenden, positiven Zusammenhang gestellt, sondern in einen etwas mitleidigen; ganz so, als wäre der „Mutige" zu bedauern, weil er offenbar die Nachteile, die ihm aus seinem Verhalten erwachsen, nicht wirklich bedenkt und, so die Annahme, von ihnen noch überrascht werden wird, was wiederum das ursprüngliche Bedauern rechtfertigen würde.

Das sollte insofern verwundern, als in einer Demokratie Furcht vor Mut völlig unangebracht ist. Gerade die jüngsten internationalen Ereignisse sollten das eindringlich vor Augen geführt haben: Mut ist, sein Leben, seine Freiheit, seine Existenz, seine persönliche Zukunft durch sein Verhalten im öffentlichen Raum aufs Spiel zu setzen. Davon kann in Österreich wohl keine Rede sein. Es wäre schon viel gewonnen, wenn das Wort „Mut" im Umgang der Österreicher miteinander mit weniger Skepsis und weniger herablassender Nachsicht verwendet werden würde. Das könnte stärkend wirken.

Für eine Änderung der Verhältnisse in Österreich ist also eine Vertiefung des kollektiven und des individuellen Selbstvertrauens notwendig. Dies ist langfristig aber nur über die junge Generation zu erreichen, womit man nicht nur bei der seit Langem politisch / ideologisch umkämpften Bildungspolitik, sondern vor allem bei der allgemeinen Einstellung Kindern und Jugendlichen gegenüber angelangt wäre. Wie viel Respekt bringt eine Gesellschaft der nächsten Generation entgegen?

Diese Frage sollte nicht nur Politiker, sondern auch Eltern und Pädagogen nachdenklich machen. Entlassen unsere Bildungseinrichtungen, im sekundären wie im tertiären Bereich, immer noch Duckmäuser? Immer noch Jugendliche, die es nicht wagen, in bestimmter und sachlicher Weise, für ihre Meinung einzutreten, weil sie dazu im Laufe ihrer Bildungs- und Ausbildungsbahn nie ermuntert worden sind; weil ihnen weder Eltern noch

Lehrer dafür Vorbild waren; weil sie an den Erwachsenen nicht beobachten konnten, wie sachliche Differenzen auf eine respektvolle Art ausgetragen werden; weil sie zu oft erlebt haben, wie der Austausch von Meinungen sofort in persönliche Abwertungen umschlägt; weil sie etwa als Studenten, noch lange bevor sie ins „wirkliche" Leben entlassen wurden, in ihrer akademischen Umgebung Zeugen von oft unverständlicher Unterwürfigkeit wurden, die sie vielleicht nicht verstehen konnten, aber als karrierefördernd und daher sinnvoll erkannt haben?

So vergeht sich eigentlich jeder pragmatisierte Professor, der nicht gegen unhaltbare Zustände an seiner Universität, an seinem Institut auftritt, nicht versucht, dagegen etwas zu unternehmen, eine Verbesserung herbeizuführen, weil er persönliche Nachteile bei der Zuteilung von Personal und / oder Fördermittel befürchtet, an der ihm anvertrauten Studentengeneration. Er würde mit seinem Protest zugunsten besserer Studienbedingungen für die jungen Menschen weder seinen Arbeitsplatz noch seine Existenz und schon gar nicht seine Freiheit aufs Spiel setzen. Er unterlässt dennoch ein entsprechendes Verhalten für, gemessen an der Verantwortung für die Jugend, kleinteilige persönliche Vorteile.

Diese Unterlassungssünde, dieses negative Beispiel für die Jugend, schadet der Zivilgesellschaft mehr als fehlgeleitete Studentenproteste es je tun könnten. Hier wird der gekrümmte Gang zur Nachahmung empfohlen und als Entschuldigung 100 Jahre Obrigkeit und Gehorsam-Sein angeführt. Unmittelbar danach wird das Lamento von der Aussichtslosigkeit angestimmt. Einzeldemonstrationen von widerständigem Verhalten hätten keine Wirkung, Einzelaktionen „nützen ohnehin nichts", Einzelmeinungen würden jedenfalls negiert werden. – Schutzbehauptungen allesamt, durch die Einzelne die Rechtfertigung für ihre Unterlassungssünden beziehen.

Sehr entlarvend, wenn auch verdienstvoll in der Analyse, ist in diesem Kontext ein Beitrag von Universitätsprofessor Peter Kampits in dem Buch „Was haben wir falsch gemacht?" Philosoph Kampits legt darin ein mehr oder weniger volles Geständnis der Versäumnisse der Universitätsprofessoren ab, wenn er zum Beispiel über Vergeudung des Momentums des Aufbruchs von 1968 schreibt: „Wir haben danach den Begriff der Zivilgesellschaft und des zivilen Widerstands gepredigt, aber wir waren zögerlich in der Verwirklichung, und unsere Ziele waren unklar."[20] In der Folge analysiert er zutreffend, dass sich die Universitätsprofessoren gegen inkonsistentes Herumreformieren an Schulen und Universitäten „zu wenig" gewehrt; die den Universitäten Anfang der 90er-Jahre verordnete „Autonomie" nie mit Leben erfüllt haben; dass es an den Universitäten gelegen wäre, zur „großen Verweigerung aufzurufen", gegen eine Entwicklung zu protestieren, „die zur Entmündigung" führte.

Kampits beschäftigt sich aber in keinem Satz mit Gründen und Motiven für diese Passivität der Professoren, eigentlich der intellektuellen Elite eines Landes. Er erwähnt nicht die Egoismen in den Schrebergärten der Wissenschaft, die zu Willfährigkeit um der einen oder anderen Vergünstigung willen geführt haben. Er beschreibt nicht die Feigheit vor den unterschiedlichen

Ressortchefs, die Liebdienerei diesen gegenüber; nicht die Trägheit, die verhindert hat, die Autonomie als Chance zu ergreifen. Er kleidet vielmehr eine Variante der gängigen Schutzbehauptungen der Macht- und Hilflosigkeit in seine Schlussfrage: „Aber hätten wir, gesetzt den Fall, der Widerstand wäre laut und konkret geworden, wirklich eine Chance gehabt, diese Entwicklung zu verhindern?"[21] Unschwer zu erkennen, dass er die Frage für sich selbst mit einem entschuldigenden „Nein" beantwortet und diese Antwort auch von den Lesern erwartet.

Etwas Österreichischeres lässt sich wohl kaum denken. Wenn dies aber die Geisteshaltung eines pragmatisierten Universitätsprofessors gegen Ende seiner langjährigen akademischen Karriere ist, kann man von der Mehrheit der Bürger keine andere und mutigere Haltung erwarten.

Bei der Betrachtung der formalen, in Österreich real existierenden Möglichkeiten zur Überwindung der politischen Trägheit stößt man bald auf die alte Frage der Hol- und der Bringschuld. Was wissen die Bürger von den vorhandenen Instrumenten? Sind sie verpflichtet, sich in der Bundesverfassung, in den Landesverfassungen und in den Gemeindebestimmungen darüber zu informieren? Haben hier die Medien eine Bringschuld, die sie in den vergangenen Jahrzehnten gar nicht erbracht haben und jetzt nur unzureichend begleichen? Gemäß der These, dass Schuldzuweisungen generell und hier besonders sinnlos sind, bleiben diese Fragen unbeantwortet.

Wahr ist, dass sich in dem Irrgarten der unterschiedlichen Bestimmungen der neun Bundesländer Bürger auf der Suche nach Beteiligung am politischen Geschehen kaum zurechtfinden. Wahr ist auch, dass die Kompliziertheit und Unverständlichkeit dieser Bestimmungen mit großer Wahrscheinlichkeit die Absicht der Politik versteckt, sie dem Gebrauch der Bürger zu entziehen, auf dass sie unbelästigt ihren Lauf nehmen kann.

Ein Beispiel aus der Steiermark: Die Bestimmungen über Bürgerversammlungen dürften weitgehend unbekannt sein, obwohl sie in der Landesverfassung verankert sind. Steirische Bürgermeister, von jenem in Graz abwärts, sind verpflichtet, pro Jahr wenigstens eine Bürgerversammlung zur Information der Gemeindemitglieder einzuberufen. Fünf Prozent der Bürger einer Gemeinde, in Graz mindestens 9901, sind berechtigt, jederzeit per Unterschrift eine solche Informationsversammlung mit dem Bürgermeister zu verlangen. Diese muss mindestens vier Wochen nach Verlangen abgehalten werden.

Oder: Unterschiedliche Bestimmungen in den Bundesländern sehen vor, dass gegen Landesgesetze per Unterschrift der Bürger Einspruch erhoben werden kann. So kann man in Niederösterreich mit 50.000 Unterschriften eine Abstimmung über ein Landesgesetz erzwingen. Das heißt mit anderen Worten, jeder Niederösterreicher könnte sich auf den Weg begeben, diese Zahl von Unterschriften zu sammeln, sechs Wochen nach Beschluss des Landtages ein Einspruchsverfahren einleiten, das eine Volksabstimmung darüber bewirkt. Dies wird gemeinhin als „totes Recht" beschrieben, weil es von den Bürgern aus Mangel an Information, aus Trägheit oder aus Resignation nicht genützt wird. Nichts könnte Niederösterreicher daran hin-

dern, einen solchen ersten kleinen Schritt in Richtung Bürgerbeteiligung an der Politik zu tun – außer sie selbst. In
der Landesverfassung Niederösterreichs kommen – wenig
überraschend – die Begriffe „Volksbegehren" und „Volksabstimmung" gar nicht vor. Man kennt im Land unter der
Enns nur das sogenannte Initiativrecht, wonach eine Initiative, wenn sie von 50.000 Bürgern unterschrieben oder
von mindestens 80 Gemeinden beschlossen wurde, von der
Landesregierung dem Landtag vorgelegt werden muss. Als
brauchbares Instrument zur Eigeninitiative von Bürgern
kann das nicht gesehen werden, aber es existiert. Die
Überraschung in St. Pölten wäre groß, würde sich jemand
die Mühe machen, es auch tatsächlich anzuwenden.

In der Steiermark hat man bei einer ähnlichen
Bestimmung zusätzliche Hürden aufgebaut. Auch hier
wären 50.000 Unterschriften zur Einleitung eines Ein-
spruchs notwendig. Einem solchen Verfahren sind allerdings automatisch jene Gesetze entzogen, die vom steirischen Landtag „unter Dringlichkeit" gestellt und daher
mit einer Zweidrittelmehrheit beschlossen worden sind.
Theoretisch kann so der Landtag die Bestimmung, die er
selbst in die Verfassung geschrieben hat, zu „totem
Recht" machen. Dass dies dem Geist der direkten Demokratie krass widerspricht, ist weder in politischen Zirkeln
noch im öffentlichen Diskurs ein Thema. Der springende
Punkt aber ist, dass Mechanismen existieren, die nicht
angewendet, weil politisch nicht erwünscht, oder medial
auch in keiner Weise beworben werden – und der Rest
der Zivilgesellschaft wenig von der Holschuld an Information hält.

Auch in der Steiermark kann eine Volksabstimmung – nicht zu verwechseln mit Volksbegehren oder Volksbefragung – erzwungen werden. Auch von dieser Möglichkeit wurde noch nie Gebrauch gemacht. Hiezu gibt es nämlich zwei unterschiedliche Gesetze mit einander widersprechenden Bedingungen. Nachdem sie jedoch ohnehin noch nie zur Anwendung gekommen sind, hat es bisher auch noch keine gerichtliche Klärung des Widerspruchs gegeben. Weder Landtag noch Landesregierung hatten daher Anlass, sich damit zu beschäftigen.

In den beiden Gesetzen wird als Bedingung für eine Volksabstimmung einmal die Vorlage von 50.000, dann wieder von 85.000 Unterschriften angegeben. In der Landesverfassung ist von 85.000 Unterschriften die Rede, in dem sogenannten Volksrechtsgesetz jedoch von 50.000. Bevor ein Einzelbürger oder eine bürgerbewegte Gruppe also eine derartige Initiative in Angriff nehmen kann, müssten sie zuerst zum Landesverfassungsdienst pilgern und eine Klärung der Rechtslage verlangen. Dieser könnte sich dann darauf berufen, zuerst eine Rechtsmeinung von einer Bundesstelle oder einem Höchstgericht einholen zu müssen. Eine größere Demotivation zur Verfolgung eines Anliegens ist wahrscheinlich nicht denkbar, was mit Sicherheit im Interesse der herrschenden politischen Kräfte liegt.

In Salzburg sind 10.000 Unterschriften notwendig, die aber mindestens sechs Monate vor Einbringung eines Antrags geleistet worden sein müssen. Dort haben auch Volksbegehren mit anschließender Volksabstimmung keinerlei rechtliche Auswirkung, sie können negiert werden.

Bindend sind nur die Ergebnisse von Volksabstimmungen, die „von oben" angeordnet werden. Dazu wurden die Salzburger vier Mal aufgerufen, zu Volksbefragungen ebenso oft.

In der Bundeshauptstadt Wien können fünf Prozent der Wahlberechtigten, also etwa 57.228 Wiener ein Volksbegehren auf den Tisch des Gemeinderates legen. Außerdem können auf Gemeinde- und Landesebene in Wien Volksabstimmungen durchgeführt werden. Alles klar? Volksabstimmungen und Volksbegehren, bei denen die Wiener selbst initiativ werden müssten, sind keine zu verzeichnen. Die Gemeinde Wien aber rief seit 1970 die Wiener sieben Mal zu Volksbefragungen.

In Vorarlberg müsste man 5000 Unterschriften für ein Volksbegehren sammeln oder zehn Gemeinden dazu bringen, ein solches zu beantragen. Außerdem sind Volksabstimmungen vorgesehen. Das „Ländle" ist, wenig erstaunlich bei der Nähe zur Schweiz, Vorreiter im Einsatz der formalen Instrumente der direkten Demokratie: Die Bürger haben sich die Mühe von zwei Volksabstimmungen auf Landesebene und 29 auf Gemeindeebene sowie von vier Volksbegehren gemacht. Volksbefragungen wurden zwei durchgeführt.

Anders sieht es schon im benachbarten Tirol aus, wo die Marke für Volksbegehren für oder gegen ein entsprechendes Landesgesetz bei 7500 Unterschriften oder wenigstens 40 Gemeinden liegt. Auch Volksabstimmungen können unter diesen Voraussetzungen erzwungen werden, wenn der Landtag sich weigert, solche über ein Gesetz zu beschließen. Das war bisher nie der Fall. Bei

Volksbegehren sind die Tiroler zwei Mal aktiv geworden, befragt wurden sie ebenfalls zwei Mal.

In Kärnten ist die Hürde etwas höher. Hier sind 3000 Unterschriften zur Einleitung und 15.000 zur Abhaltung eines Volksbegehrens notwendig. Abstimmung ist im Land der Volksabstimmung 1920 natürlich ein besonderes Gut. Seither gab es keine landesweite Volksabstimmung mehr. Volksbegehren gab es zum Minderheitenschulgesetz 1984, zur Bergbauernförderung 1986 und zum Objektivierungsgesetz 1987. Volksbefragungen hatten den Nationalpark Nockberge 1978, die Durchführung olympischer Spiele 1997 und die thermische Restmüllbehandlung Arnoldstein 1999 zum Thema. Die landesweite Volksbefragung 2011 zur Aufstellung zweisprachiger Ortstafeln diente mehr der Parteipolitik der Freiheitlichen Partei Kärntens (FPK) denn der tatsächlichen Erforschung der Meinung der Bürger.

Im Burgenland können 2000 Landesbürger oder zehn Gemeinden per einstimmigen Beschluss die Einleitung eines Volksbegehrens herbeiführen. Der entsprechende Antrag muss dann von 6000 Bürgern unterschrieben werden. Für eine Volksabstimmung sind 12.000 schriftliche Willensbekundungen notwendig.

In der Steiermark sind zur Einleitung eines Volksbegehrens auf Landesebene laut Landesverfassung 1700 Unterschriften notwendig, zur Behandlung im Landtag 17.000 Unterschriften. Die Unterstützung für ein regionales Volksbegehren fordert dem Landes- und Gemeindebürger etwas mehr Zivilcourage ab als den Bundesbürgern, denn die Unterschrift muss im Gemeindeamt geleistet werden, womit sich der Einzelne unter den Augen der ihm wahrscheinlich bekannten Beamten und Politiker deklarieren müsste. Dennoch die Möglichkeit besteht: Jeder einzelne Steirer könnte mit der Sammlung von 1700 Unterschriften beginnen, um das sogenannte Einleitungsverfahren in Gang zu setzen.

Ein klassisches Beispiel für Überforderung von Bürgern bei der Verfolgung ihrer eigentlich in der Landesverfassung festgeschriebenen direktdemokratischen Rechte bietet das Land Oberösterreich, wo für eine Initiative drei Prozent der Wahlberechtigten unterschreiben müssten, bei einer Befragung acht Prozent und eine Volksabstimmung ausschließlich von Landtag oder Landesregierung vorgeschlagen werden darf. Daher ist es weiter nicht verwunderlich, dass im Land ob der Enns außer einer Volksbefragung über die Errichtung eines neuen Musiktheaters in Linz kein einziger direktdemokratischer Akt gesetzt worden ist. Das hat sogar schon Landtagsdirektor Wolfgang Steiner auf den Plan gerufen, der in einem Buch eine Vereinfachung der Bestimmungen, eine Reduktion der erforderlichen Unterschriften, kostenlose Informationsmöglichkeiten über die Voraussetzungen für Bürgeraktivitäten und generell „klarere, einfachere und strukturiertere" Möglichkeiten gefordert hat.

Im BürgerInnenrechtegesetz von 2001 war die Hürde für Volksbefragungen flugs von vier auf acht Prozent der Wahlberechtigten erhöht worden, was für die Einleitung mehr als 80.000 Unterschriften erforderte. Die Grünen klagten noch 2008, fünf Jahre nach ihrer Regierungsbeteiligung in Linz, dass das Sammeln von 80.000 Unterschriften für kleine Parteien unmöglich ist. Von der Tatsache, dass es sich eigentlich um Bürgerrechte und nicht um Parteienrechte handelt, war nicht die Rede. Bürgerinitiativen können nicht einmal einen Anlauf nehmen, diese Hürde zu überspringen.

Es klaffen also allerorts Verfassung und Realität erschreckend weit auseinander: Hier die theoretische Möglichkeit, wie sich Bürger in das politische Geschehen einschalten könnten, dort die absichtsvoll aufgebauten Barrieren in der Praxis. Der Eindruck, dass hier die Bestimmungen prohibitiv, also abschreckend, gestaltet wurden, ist ganz sicher nicht falsch.

Der Bürger ist in seiner Unwissenheit aber nicht allein, er teilt sie mitunter mit Journalisten und sogar Spitzenpolitikern mit Ambitionen auf das Bundeskanzleramt. In der Sondersitzung des Nationalrats zur Reform des Bundesheeres und Abschaffung der allgemeinen Wehrpflicht am 4. Februar 2011 hat FPÖ-Chef und Fraktionsführer Heinz-Christian Strache Folgendes gefordert: Das Volk sollte mittels Volksabstimmung die Wahl haben zwischen verschiedenen Reformvarianten – mit oder ohne allgemeine Wehrpflicht. Er hat dabei lediglich übersehen, dass laut Bundesverfassung eine Volksabstimmung nur über ein vom Nationalrat bereits beschlossenes Gesetz stattfinden kann, das dann vom Volk anzunehmen oder abzulehnen ist; und dass ein solches Gesetz keinesfalls die Varianten A, B oder C beinhalten kann. Ein Gesetz mit – sinngemäß – dem folgenden Wortlaut ist nicht denkbar: Der Nationalrat hat beschlossen, dass die Landesverteidigung Österreichs entweder auf der allgemeinen Wehrpflicht, auf einem Berufsheer oder auf der Basis eines Beitritts zum Nordatlantischen Verteidigungsbündnis NATO basieren solle.

Nach dieser Rede Straches im Nationalrat ist ein Kommentar in der „Kronen Zeitung"[22] Wochen zuvor leichter verständlich. Dort hieß es nämlich, „FPÖ-Strache möchte mit einer ganzen Serie von Volksabstimmungen Faymann und Pröll das Fürchten lehren". Man wunderte sich damals, wie es zu einer solchen Verwechslung von Volksabstimmung und Volksbegehren in einem Massenblatt kommen kann. Zuvor hatte Strache nämlich mit Volksbegehren gedroht.

Ein Blick in die Bundesverfassung, dem unbekannten Schriftstück, hätte nämlich gezeigt: Eine Volksabstimmung kann eben, wie gesagt, nur auf der Basis eines vom Nationalrat beschlossenen Gesetzes durchgeführt werden und ist somit jeder Aktivität der Bürger oder einer Partei allein entzogen. Ein Volksbegehren hingegen kann von jedem einzelnen Bürger, jeder Gruppe und auch jeder politischen Partei in Angriff genommen werden. Voraussetzung für ein Eintragungsverfahren sind auf Bundesebene 8032 Unterschriften, die beim Innenministerium hinterlegt werden müssen. Dieses entscheidet dann über die Eintragungswoche. Volksbegehren zur Mobilisierung der Wähler im Sinn eines parteipolitischen Ziels liegen in der Tradition der FPÖ seit den 90er-Jahren: von „Österreich zuerst", dem sogenannten Ausländervolksbegehren 1993 Jörg Haiders mit 416.531 Unterschriften, bis zu Straches „Österreich bleib frei" 2006 mit 258.281 Unterschriften.

Um das Volksbegehren als Instrument der direkten Demokratie diesem parteipolitischen Missbrauch etwas zu entziehen, wurden 1998 die Regeln geändert. Bis dahin genügte ein Antrag von acht Abgeordneten zur Einleitung einer Unterschriftenaktion. Jedes Volksbegehren mit mehr als 100.000 Unterschriften muss vom Nationalrat im Plenum debattiert werden. Es handelt sich dabei nämlich um die Einbringung eines Gesetzes via Volksbegehren. Bisher blieb nur das Volksbegehren „Pro Motorrad" 1995 unter dieser Marke.

Der Entzug war und ist nicht besonders erfolgreich. Einmal, weil Parteien weiterhin versuchen, den Bürgern dieses Mittel (auf Bundes- oder Landesebene ein bestimmtes Gesetz zu erreichen oder zu verhindern) aus der Hand zu nehmen. Zu sehr eignet es sich für Zwischenwahlkämpfe, mediale Aufmerksamkeit und Mobilisierung. Und dann auch, weil sich in einer politisch trägen Gesellschaft nicht genügend Bürger die Mühe antun, dieses direktdemokratische Vehikel in Eigeninitiative in Gang zu setzen – oder mit der Verweigerung der Unterstützung von parteipolitisch motivierten Begehren den Parteien eine klare Botschaft zu übermitteln: Hände weg! Für Euch sind Volksabstimmung und Volksbefragung reserviert. Diese Entscheidung – Stichwort: Widerstand gegen Missbrauch und Verantwortung für das Ganze – kann dem einzelnen Bürger niemand abnehmen. Er hat auch hier die Wahl.

2010 hat ein direktdemokratisches Zwitterwesen die Bühne betreten: Als ehemaliger Vizekanzler der Alleinregierungen Bruno Kreiskys und langjähriger SPÖ-Politiker kam der Industrielle Hannes Androsch auf die Idee, mit einem Bildungs-Volksbegehren seiner Partei und deren Unterrichtsministerin Claudia Schmied zur Seite zu springen. Das entbehrt natürlich nicht einer gewissen Ironie wie die Tageszeitung „Kleine Zeitung" anmerkte: „Immerhin ist das Instrument der direkten Demokratie eigentlich auf jene zugeschnitten, die keine Macht besitzen. Beim Salzbaron und Ex-Minister möchte man meinen, dass sein Einfluss in der SPÖ reichen müsste, um die Dinge auf den Weg zu bringen."[23]

Abgesehen von pikanten Details wie der Präsentation des Volksbegehrens durch den allseits „bekannten" und in der Materie ausgewiesenen Bildungspolitiker, Ex-Tabak-Austria-Chef und Androschs Pressesprecher in den 70er-Jahren Beppo Mauhart oder der Tatsache, dass der Slogan des Begehrens „Österreich darf nicht sitzen bleiben" im Internet auf der Startseite einer Wiener Handelsakademie im 10. Gemeindebezirk in der Pernerstorfergasse zu finden ist, entsteht der Eindruck, dieses Volksbegehren war vor allem zur Imagebildung des seinerzeit gescheiterten Staatsmanns Hannes Androsch gedacht. Das Volksbegehren als Mittel zur Kompensation für früheres Scheitern in der Politik oder als persönliche Vergangenheitsbewältigung: Das ist zwar neu und durchaus originell, erweist der direkten Demokratie jedoch einen schlechten Dienst. Einerseits, weil es wieder die Vermutung nährt, hier habe jemand eine vor den Bürgern versteckte Agenda, die diese nicht merken sollen. Andererseits, weil es das Instrument Volksbegehren neuerlich diskreditiert – und dies der Festigung der Demokratie mehr schadet als nützt. Zum Dritten, weil es von

Inhalt und Abfassung her geeignet ist, a) selbst von den Unterzeichnungswilligen nicht exakt überprüft zu werden und b) wegen seines Mangels an Konkretem im Nationalrat zwar debattiert, dann aber schubladisiert zu werden. Der Gipfel der Absurdität wurde mit diesem Androsch-Begehren mühelos erreicht, als Bundeskanzler Werner Faymann und Unterrichtsministerin Claudia Schmied umgehend erklärten, das Volksbegehren gegen sich selbst, also gegen ihre Politik der Entscheidungsunlust und Konzeptlosigkeit, unterschreiben zu wollen. Daran änderte auch Androschs Rundumschlag gegen seine eigene SPÖ nichts, nachdem sich der unterdurchschnittliche Erfolg bei der Zahl der Unterschriften zum Einleitungsverfahren herausgestellt hatte.

Um jeder Verwirrung für Bürger, die sich einmischen wollen, vorzubeugen: Die geltenden Instrumente der direkten Demokratie – Volksabstimmung und Volksbefragung – sind von der Form her Instrumente der politischen Führung, weil bei beiden der Gesetzgeber aktiv werden muss. Es müssen Beschlüsse des Nationalrats vorliegen, die spezifischen Materien den Bürgern zur Entscheidung vorzulegen.

Bis jetzt hat eine Volksbefragung im ganzen Bundesgebiet noch nie stattgefunden. Daher wäre eine zur Abschaffung der allgemeinen Wehrpflicht eine Premiere. Auf Länderebene wurde und wird diese Variante sehr wohl eingesetzt, meist zu wahlkampftechnischen und parteipolitischen Zwecken, wie die SPÖ vor der Wiener Gemeinderatswahl 2010 mit der Erhebung des Volkswillens zu Nachtfahrten der U-Bahn am Wochenende, zu Hausbesorgern, zum flächendeckenden Angebot von Ganztagsschulen, zur Citymaut und Kampfhunden gezeigt hat; oder die SPÖ Burgenlands vor der Landtagswahl 2010 mit der Befragung zum Flüchtlingslager Eberau.

Hier ist der Bürger nicht so sehr zur Passivität verurteilt, wie vielfach angenommen wird. Er kann die Teilnahme verweigern. Er kann den politischen Missbrauch dieses Instruments der direkten Demokratie sehr wohl durchschauen, dann folgende Fragen für sich beantworten und zu einer Entscheidung kommen: Ist die Befragung ernsthaftes Bemühen, den Wählerwillen auch in Zeiten ohne Urnengänge zu erfahren oder nicht? Dient die Befragung nur der Mobilisierung und / oder einer sogenannten Feigenblatt-Politik, mithilfe derer sich die Verantwortlichen eigentlich vor ihrer Entscheidung drücken? Wollen die fragenden Politiker und ihre Parteien wirklich die Meinung der Bevölkerung erfahren oder wollen sie sich nur hinter ihr verstecken? Ist die Möglichkeit, den Willen kundzutun, der höhere Wert als die Gefahr, demokratiepolitisch instrumentalisiert zu werden?

Daraus leitet sich wieder eine Entscheidung in Eigenverantwortung ab: Die Teilnahme einfach verweigern und so ein Signal setzen, dass man nicht gewillt ist, den in ihre Ämter Gewählten die Verantwortung abzunehmen. Will man in der Tat gefragt werden, kann man seine Antwort auf die Fragen abliefern. All das erfordert natürlich Informations- und Nachdenkarbeit. Will man sich nicht vor einen politischen Karren spannen lassen, verweigert man die Teilnahme. Ihr politischer Nutzen liegt darin, dass die Politik die Botschaft wohl hören müsste. Volksbefragungen, an denen kaum jemand teilnimmt und sich als Flop und somit als Blamage erweisen, werden nicht zum Lieblingsrepertoir der Politiker ge-hören, weshalb diesen die Lust an der Instrumentalisierung der Bürger vergehen würde. Der Verweigerungsakt müsste natürlich auch den Parteien kommuniziert werden.

Die Instrumente des Volksbegehrens, der Bürgerinitiative und der Petition hingegen sind „Werkzeuge", die dem einzelnen Bürger in die Hand gegeben wurden. Dieser kann entweder allein oder in einer Gruppe pro-aktiv werden.

Die Erfahrung bisher ist jedoch, um beim Instrument des Volksbegehrens zu bleiben, für Staatsbürger nicht sehr ermutigend. Zum einen, weil Volksbegehren mehrheitlich bis jetzt eben als Vehikel zur parteipolitischen Mobilisierung verwendet wurden / werden. Zum anderen, weil von den bisher 32 Volksbegehren in der Zweiten Republik nur drei verwirklicht worden sind – und alle stammen aus den 60er-Jahren: ORF-Reform, Abschaffung des 13. Schuljahrs und Einführung der 40-Stunden-Woche.

Warum, so ist zu fragen, haben sich die Bürger dies über Jahrzehnte gefallen lassen? Zur Einleitung eines Volksbegehrens auf Bundesebene bedarf es, wie erwähnt, 8032 Unterschriften. Etliche dieser Volksbegehren hatten mehr als eine Million Signaturen – und verstaubten dennoch nach der Behandlung im Plenum des Nationalrats in den Schubladen der Volksvertretung. Nach dem Motto: Nicht einmal ignorieren!

Manche Politiker, wie der jüngst so hoch gejubelte ehemalige Bundeskanzler Bruno Kreisky, waren in ihren Begründungen, warum sie sich nicht um den Ausdruck eines bestimmten Bürgerwillens kümmern, so kreativ wie zynisch. Auf die Frage, ob ihn denn die 1,2 Millionen Österreicher, die das Volksbegehren der ÖVP gegen den Bau des Internationalen Konferenzzentrums in Wien bei der UNO-City verhindern wollten, gar nicht beeindrucken, meinte Kreisky nur lapidar nach einer Regierungssitzung: Das bedeute ja nur, dass vier Millionen der anderen Wahlberechtigten das nicht unterschrieben haben.

Bei den formalen Möglichkeiten der Bürgerbeteiligung zählen die Bürgerinitiative und die Petition zu den Stiefkindern der direkten Demokratie. Der Begriff Bürgerinitiative ist hier nicht zu verwechseln mit dem umgangssprachlichen Gebrauch des Wortes als Zusammenschluss von Gruppen oder Bürgern, deren Anliegen nicht den Weg in den Nationalrat finden. Um eine Bürgerinitiative in den zuständigen Ausschuss des Nationalrats zu bringen, bedarf es 500 Unterschriften. Zu wenig, um wirklich die Aufmerksamkeit der Abgeordneten zu bekommen; zu viel, um einfach in den Niederungen eines Ausschusses zu verschwinden. Auch hier gilt das Gesetz der Zahlen. Wenn nur das Grunderfordernis von 500 Unterschriften erfüllt wird, werden die Mandatare die Bürgerinitiative wohl kaum eines Blickes würdigen, wenn es Zehntausende sind, dürfte das die Aufmerksamkeit sehr wohl erhöhen. Ergo kommt es wieder auf die Antriebskraft einzelner Bürger an.

Das letzte – im Doppelsinn des Wortes – Instrument ist die sogenannte Petition. Diese muss einem der 183 Abgeordneten persönlich überreicht werden, der sie dann dem Bürgerinitiativen- und Petitions-Ausschuss überantworten muss. Und wieder ist es eine Frage der Masse. Wenn plötzlich – wie nach einem Weckruf – Tausende Bürger Petitionen in das Hohe Haus am Wiener Ring tragen und einzelne Abgeordnete zur Weiterleitung verpflichten, wäre eine Bewegung nicht länger zu übersehen; müssten sich Volksvertreter eines bestimmten Themas annehmen.

An der Nichtnutzung vorhandener Beteiligungsinstrumente sind die Bürger in erster Linie selbst schuld. Sie liefern zudem Politikern die bequeme Ausrede mit dem Verweis auf Bundes- und Landesverfassungen: Die Möglichkeiten seien ja verankert, die entsprechenden Gesetze beschlossen. Sollten sie nicht genutzt werden, sei dies nicht Schuld der politischen Kaste. Den Einwand, die Bestimmungen seien zu kompliziert und wirkten deshalb prohibitiv, ist so nicht schlüssig. Demokratie ist Anstrengung, das wissen alle, die sie erkämpfen müssen; und sollten alle wissen, die sie vor Schaden im eigenen Land bewahren wollen. Man kann das Argument nicht von der Hand weisen, dass die Bürgerbeteiligung in Österreich auch deshalb in ihrer Entwicklung stecken geblieben ist, weil sie mehr Aktivität erfordert, als der einzelne Bürger zu leisten bereit ist.

Die traurige Wahrheit in Österreich: Bei der Auflistung der formalen, in den Verfassungen verankerten Möglichkeiten der Bürgerbeteiligung fühlt sich kaum jemand individuell angesprochen. Bei der Aufzählung der informellen Möglichkeiten fühlen sich die einzelnen Wähler meist überfordert und sind mit dem Hinweis, ihre Einzelmeinung habe kein Gewicht, schnell bei der Hand. Hartnäckigkeit und somit Nachhaltigkeit sind überhaupt keine sehr beliebten Werte.

Doch um Ausdauer und Nachdrücklichkeit geht es. Bei jedem Anliegen muss die Zahl der Unterstützer groß genug sein, um von Politikern als kritische Masse wahrgenommen zu werden. Politiker, die sonst nicht viel Verständnis für Bürgerwünsche aufbringen, verstehen vor allem eines: das Gesetz der großen Zahlen. Dutzende schriftliche oder mündliche Interventionen von Bürgern werden wahrscheinlich ignoriert, Hunderte oder Tausende sicher nicht mehr. Die neuen Technologien geben hier den Bürgern ungeahnte Möglichkeiten in die Hand, wie Beispiele im Iran, in Tunesien, in Ägypten und auch in den USA zeigen. Das Internet ist die moderne Agora. In Österreich ist sie (noch) nicht ausreichend bevölkert.

Seine Meinung zu einem bestimmten Thema mittels E-Mail direkt einem Politiker, einer Partei, einer Parlamentsfraktion mitzuteilen, kostet nichts außer ein wenig Zeit. Die umstrittene Fremdenpolitik aller Innenminister der letzten zehn Jahre als Beispiel: Protest, in Dutzenden Mails an das Büro des Innenministers ausgedrückt, wird wenig bewirken. Zehntausende schon. Die Reaktion der meisten Bürger auf das unsittliche Ansinnen, ihre Meinung mithilfe der neuen Technologie zu kommunizieren, lautet: Man bekommt ohnehin keine Antwort und wenn, dann eine nichtssagende. Es sei schade um die Zeit und hätte keine Wirkung. Das stimmt im Einzelfall, nicht aber, wenn die E-Mails eine kritische Masse erreichen. Der einzelne Wähler hat keinen anderen Aufwand als seine Zeit.

Und es geht nicht allein um seinen Einsatz. Es geht auch darum, dass er in seinem Freundes- und Bekanntenkreis, in seiner Familie, in seinem Berufsumfeld dafür Stimmung macht. Es geht darum, den Mut zu haben, immer die gleichen fordernden Fragen zu stellen, ob man die Idee der Einmischung denn nun schon aufgegriffen habe oder nicht.

In den modernen Zeiten von Mails, Twitter, Facebook werden politische Entwicklungen per Vernetzung in Gang gesetzt. Österreich ist in der glücklichen Lage, sich um nicht viel mehr als den Erhalt und den Schutz der Demokratie kümmern zu müssen; diese vor Untergrabung und schleichender Zurückdrängung zu bewahren.

Zug um Zug könnte man auf diese Weise das Ende des Gehorsams erreichen, eine Transformation der Gesellschaft also. Erdulden, Ducken, Passivität werden durch selbstbewusste Aktivitäten ersetzt. Schritt für Schritt kann so die Zerrissenheit zwischen Unterwürfigkeit und Verachtung sowie die herabwürdigende Sprache von den „Trotteln und Gaunern“ in der Politik überwunden werden. Die Schmähung der Herrschenden hat in einer Demokratie immer auch eine Komponente des Selbsthasses der Beherrschten in sich. In kleinen Gewöhnungsschritten kann eine Änderung in Verhalten und Mentalität erreicht werden.

Ein Blick nach Amerika zeigt, welche Erfolge, auch wenn man ihnen persönlich nichts abgewinnen kann, die moderne Technologie heute politisch erreichen kann. Die Entstehung der konservativen „Tea Party" und ihre Erfolge bei den Kongresswahlen im November 2010 sind darauf zurückzuführen, dass sich ihre Sympathisanten gegenseitig via Internet aufgeputscht und mobilisiert haben. Auf der anderen Seite wäre auch die Nominierung Barack Obamas zum Präsidentschaftskandidaten der Demokraten 2008 und letztlich seine Wahl zum US-Präsidenten ohne diese Vernetzung mithilfe der neuen Technologien wohl kaum möglich gewesen.

Der Einwand, in gleichem Maß könne die neue Technologie auch zum Schaden der Demokratie verwendet werden, ist durchaus berechtigt. Er bedenkt jedoch nicht, dass Technologie an sich weder moralisch / politisch gut oder schlecht ist. Auf die Art der Verwendung kommt es an. In der kleinen österreichischen Welt und zum Zweck der Belebung der Demokratie ist bis auf Weiteres nur die Beschäftigung mit den positiven Varianten von Interesse und erforderlich.

Nun könnte eingewandt werden, technische Möglichkeiten wie Mobilisierung per Twitter sei das Geistloseste überhaupt. 140 Zeichen ergeben keinen politischen Diskurs. Richtig. Allein, es müssen die Möglichkeiten in einer Welt genutzt werden, wie sie existiert und nicht wie sie vielleicht wünschenswert wäre. Und der Schutz der österreichischen Demokratie, die Veränderungen einer politischen Landschaft, die fast schon im nationalen Konsens als erbärmlich gilt, liegt im wahrsten Sinn des

Wortes in den Händen der Jungen. Und diese Hände sind mit Kurztexten, Twitter und Facebook beschäftigt.

Wie es gehen könnte, zeigt ein Rechenbeispiel aus aktuellem Anlass: Die ehemalige Korrespondentin des ORF in Moskau, Susanne Scholl, hat nach eigenen Angaben 1536 Freunde auf ihrer Facebook-Seite. Sie setzt sich seit ihrer Rückkehr nach Wien ganz besonders intensiv für eine bessere Fremdenpolitik im Allgemeinen und für Asylwerber im Besonderen ein. Unermüdlich schreibt sie Protestbriefe an Bundeskanzler Werner Faymann, Innenministerin Maria Fekter & Co. Ob es um Abschiebungen, Mahnwachen oder das neue Fremdenrechtsgesetz (Stichwort: Rot-Weiß-Rot-Karte) geht, Scholl schickt ihre Mails flächendeckend ab. Falls jeder von Scholls 1536 „Freunden" drei weitere Freunde, Verwandte oder Bekannte zu weiteren E-Mails animiert, würden 6144 schriftliche Meinungsäußerungen pro Regierungsbüro, Partei oder Fraktion vorliegen. Zahlen werden von Politikern verstanden, eine kritische Masse muss immer erreicht werden. Antworten wären nicht mehr zu erwarten, auch nicht jene, die Scholl in einem Eintrag auf die Frage, ob Mails überhaupt beantwortet werden, so beschrieb: „Ja, bekommt man – aber je mehr ihnen schreiben, umso ungeduldiger werden die Schimmelbriefe."

Ein anderes Beispiel: Österreich hatte im Dezember 2010 2.272.000 Facebook-Nutzer. Würden sich fünf Prozent von diesen wachsende Sorgen um die verdeckte und versteckte Zersetzung der Säulen der Demokratie machen und aktiv werden, müssten 113.600 E-Mails in den Büros der Politiker zu Themen wie Verfassungsbruch und

Verstoß gegen demokratische Spielregeln eintreffen. Bei diesen Möglichkeiten der neuen Technologien kann doch wirklich niemand mehr die Schutzbehauptung, „Einzelaktionen" hätten keinerlei Wirkung, glaubwürdig aufrechterhalten.

Soziale Netzwerke sind in der kleinen österreichischen Welt gewiss eine zweischneidige Sache. Einerseits eröffnen sie neue Möglichkeiten der Einmischung in die Politik, der Transparenz, der Kontrolle. Andererseits kommen sie der Grundhaltung einer Mehrheit der Österreicher, sich Luft zu machen und Ausdrücken von Unmut schon für Aktivität zu halten, sehr entgegen. Im schlimmsten Fall kann die Beteiligung an einem sozialen Netzwerk schon als eine Beteiligung an Veränderungen gesehen werden. Das verführt zur fälschlichen Annahme, darüber hinaus wäre nichts mehr notwendig, man könne sich getrost und mit gutem Gewissen wieder zurücklehnen.

Positiv gesehen, ermöglichen die sozialen Netzwerke im Internet allerdings auch die Verbreitung von persönlichen Geschichten, die auf eine Fülle von Missständen, auf einen Mangel an Kontrolle, auf Schikanen im öffentlichen Raum hinweisen. Damit kann man viel mehr Leute erreichen und zur Einmischung motivieren als am Stammtisch oder in irgendeinem Verein. Um Veränderungen in Gang zu setzen, sind persönliche Geschichten notwendig. Das kann nun einem gewissen Voyeurismus entgegenkommen, aber vor allem positiv eingesetzt werden. Die Geschichte einer unrechtmäßigen Kündigung, die Geschichte einer bürokratischen Willkür, die Geschichte eines inakzeptablen Verhaltens von Funktionsträgern, die Geschichte des Ausnutzens eines Abhängigkeitsverhältnisses sowie die Geschichte einer ungerechten Bestellung im Schulbereich können langfristig zur Beseitigung all dieser Fehlentwicklungen führen. Es sind die persönlichen Geschichten, mit denen sich andere identifizieren können und die Qualen eines Systems beenden können. Sie zu erzählen und mithilfe der neuen Technologien zu verbreiten, erfordert allerdings auch Zivilcourage. Jeder muss für sich selbst entscheiden, welches Risiko er um der Änderung gesamtgesellschaftlicher Zustände willen individuell eingehen will. Was ihn, wie erwähnt, antreibt. Wie viel Einsatz ihm die Möglichkeit, andere zu ermutigen, wert ist.

Allerdings: Sollte es stimmen, dass es in Österreich einen gewissen Hang zum Denunziantentum gibt, zum Ausleben von Neid und Missgunst, dann wären die im Internet Aktiven besonders gefordert, der Versuchung zu widerstehen. Anschwärzen und Verleumden von Funktionsträgern in der Politik bringt die Gesellschaft kein Stück weiter und hat mit Bürgerbeteiligung nicht das Geringste zu tun.

An viele unspektakuläre Möglichkeiten wird in Österreich meist gar nicht gedacht, viele kleine Schritte werden gar nicht gesetzt. Weil sie alle immer eine ganz persönliche Entscheidung voraussetzen? Weil Demokratie als Zuschauersport verstanden wird?

Am Beispiel einer Wahl – ob auf Bundes- oder Landesebene – lässt sich die Möglichkeit der Teilnahme leicht erklären: Jemand kommt zu dem Schluss, ihm seien Stimmengewinne für diese oder jene Partei wichtig. Auch gegen die ständig sinkende Wahlbeteiligung will er etwas unternehmen, weil ohne ausreichende Partizipation bei Wahlen keine gefestigte Demokratie vorstellbar ist. Vorweg ist die entsprechende Information erste Bürgerpflicht: Wie wirbt die Gruppe meiner Wahl um Stimmen? Erreicht sie die Menschen überhaupt? Danach wird man aktiv und beginnt eine ganz individuelle Telefonkampagne im persönlichen Umfeld, führt politische Gespräche, fordert zur Stimmabgabe auf, riskiert die eine oder andere Verärgerung im Freundeskreis. Man fühlt sich ganz persönlich von einer Entwicklung betroffen, will aktiv werden und sich einbringen. Traditionell werden politische Weichenstellungen jedoch den Apparaten der Parteien überlassen. Ein freiwilliges Engagement in einem Wahlkampf ohne jegliche Parteifunktion ist eher eine Seltenheit.

Die Wahlbeteiligung bei der Entscheidung über das Amt des Bundespräsidenten ist 2010 auf knapp 52 % gesunken. Das heißt, fast die Hälfte der Wahlberechtigten hat dem höchsten Amt im Staat keine Bedeutung zugemessen. Das wurde sicher durch das Verhalten der traditionellen Parteien verursacht, die sich die „Auswahl" entweder überhaupt erspart haben, indem sie keinen Gegenkandidaten (ÖVP) oder eine weitgehend nicht akzeptable Kandidatin (FPÖ) zu Heinz Fischer nominiert haben. Im Grunde lief dies auf eine Missachtung des Amtes und der Bundesverfassung durch die im Parlament vertretenen Parteien, ergo auf ein prädemokratisches Verhalten hinaus. Dies wiederum wurde von fast der Hälfte der Stimmbürger als Entschuldigung für ihre Indifferenz verstanden.

Die Wahlbeteiligung bei diversen Landtagswahlen sank zuletzt auf 60 bis 62 %. Jeder, der dies als Weckruf versteht, könnte eigentlich seine ganz persönliche Mobilisierungskampagne starten und zwar nicht nur über Twitter oder Kurztexte, sondern mithilfe eines persönlichen Gesprächs, in dem er sich Zeit zur Überzeugungsarbeit, zu einem Diskurs, nimmt. Hier geht es nicht darum, als Wahlhelfer für eine bestimmte Partei aufzutreten, sich vor irgendeinen parteipolitischen Karren spannen zu lassen, sondern um den individuellen Entschluss, der demokratiepolitischen Erosion etwas entgegenzusetzen.

Wichtig ist immer, diesen Schritt über die Hürde von der Passivität zur Aktivität zu machen. Selbst wenn man sich als Mitglied und / oder Sympathisant einer bestimmten Partei versteht, ist in Österreich die Passivität die Norm. Man sieht zu, wie diese politische Gruppe sich schlägt. Man opfert meist nicht seine Zeit, sich als unbezahlter freiwilliger Wahlhelfer in den Gang der Auseinandersetzung einzumischen. Was spräche dagegen? Wahrscheinlich der oben erwähnte innere Monolog: „Es könnte mich jemand sehen, der mir wegen dieser Unterstützung einen Strich durch meine Karriereplanung machen könnte? Ich sollte mich nicht öffentlich festlegen." Und Ähnliches mehr.

Das Freiwilligen-Wesen ist in Österreich sehr ausgeprägt – in allen Bereichen außer im politischen. Auf die Idee, sich für die eigene Haltung irgendwie durch aktive Unterstützung einzusetzen, um zu verhindern, dass das Land in eine Richtung geht, die man nicht will oder sogar zutiefst ablehnt – auf diese Idee kommen die wenigsten in Österreich. Je mehr Menschen sich jedoch – ganz ohne Parteimitgliedschaft und Zugehörigkeit zu einer Organisation – für ein bestimmtes politisches Anliegen, vertreten eben zu einem bestimmten Zeitpunkt von einer bestimmten Gruppe, einsetzen, desto weniger wird es in den Parteistrukturen möglich sein, alles über die Köpfe der Leute hinweg zu entscheiden. Der rasante Mitgliederschwund in den Parteien wird diese längerfristig von der Arbeit Freiwilliger abhängig machen, was deren Einfluss auf die Politik dieser Partei stärken würde.

Die klassische Variante der Politikbeteiligung, nämlich die Mitarbeit in einer der politischen Parteien, ist im Laufe der Jahrzehnte derart in Misskredit geraten, dass jede Aufforderung, das System von innen zu verbessern, in den Ohren der meisten Bürger wie ein unmoralisches Angebot klingt. Mit anderen Worten: Politisches Engagement im traditionellen Rahmen wird sozial nicht honoriert und eher als Beweis für verminderte Denkfähigkeit oder für wenig akzeptablen Ehrgeiz oder den verdeckten Versuch der Bereicherung gehalten.

So hat auch die Studie über den Wertewandel 1990–2008[24] eindeutig gezeigt, dass von allen Möglichkeiten der politischen Beteiligung „ausschließlich die Teilnahme an Unterschriftensammlungen für die Mehrheit der Österreicher / -innen vorstellbar" ist. Vor zwei Jahren gaben drei Viertel aller Befragten an, sich schon einmal an einer Unterschriftenaktion beteiligt zu haben oder sich eine solche Beteiligung jedenfalls vorstellen zu können. Das war's dann aber auch schon. 2008 gaben nur zwei

Prozent der Befragten an, bei Parteien oder politischen Gruppierungen mitzuarbeiten. Nachdem es 1990 noch vier Prozent waren, könnte man überspitzt formulieren: Die aktive Zivilgesellschaft in Österreich hat sich halbiert.

Die Studie stellte auch die Frage nach dem Verbleib der Jugend und in diesem Kontext fest, dass das politische Interesse der Unter-30-Jährigen insgesamt dem der Gesamtbevölkerung entspricht (53 % zu 56 %), jenes der 16- bis 18-Jährigen aber deutlich darunter liegt. Da ist von Engagement noch gar nicht die Rede. Es ist bezeichnend, dass die Autoren der Studie die Schuld an diesen Ergebnissen nach den konventionellen Erklärungsmustern der Politik und den Politikern zuweisen: Es komme der Verdacht auf, „dass dies im Interesse der politischen Entscheidungsträger sein könnte – und man vielleicht gar kein wirkliches Interesse daran hat, dass Jugendliche nachfragen oder Kritik üben und mitgestalten."

Da ist er wieder, der populäre Fluchtweg. Zutreffender wäre: Der Verdacht kommt auf, dass die Verantwortung bei den Erwachsenen, in der Familie und in den Bildungseinrichtungen liegt. Wie viel Ermunterung zu politischem Engagement in Schüler- und Studentenorganisationen gibt es denn von dieser Seite? Werden Jugendliche nicht vielmehr mit Hinweisen auf „Zeitverschwendung", „Nutzlosigkeit", „Sinnlosigkeit" und ähnlich aufbauenden Aussagen oder der Frage, ob sie denn bei Sinnen seien, sowohl von Eltern wie Lehrkräften entmutigt? Werden sie nicht bei tatsächlichem Engagement in Schülervertretung oder Hochschülerschaft mit der

Scheinheiligkeit ihrer Gegenüber konfrontiert: Engagement wird nur so lange begrüßt, solange die Kreise der Autoritäten nicht gestört werden.

Die Ausrede für Nichts-Tun, es fehle an sogenannten Pull-Faktoren in der Politik, also an Anziehungskräften von Programmen und Personen, ist wohlfeil. In Wahrheit ersparen sich die Erwachsenen im besten Fall die Mühe, Vorbild für Engagement abzugeben. Im schlechtesten Fall be- und verhindern sie, dass Engagement für das Politische – nicht gleichzusetzen mit Politik oder gar Parteipolitik – als mögliche positive Erfahrung erlebt werden kann. In jedem Fall geben sie ihre eigene Passivität weiter. Und dennoch wäre der Eindruck falsch, der öffentliche Raum in Österreich sei nur von demokratiepolitischen Untoten bevölkert, biete nur Apathie und Resignation. Es hat sich in den letzten Jahren viel an der Bürgerfront getan – auch abseits der Aktivitäten der professionellen und mitunter auch sehr erfolgreichen Aufbegehrer gegen bestimmte Projekte der öffentlichen Hand wie zum Beispiel des Tirolers Fritz Gurgiser. Dieser ist nach seinem Engagement gegen den Transitverkehr in Tirol ab 1987, nach der Gründung des Transitforums Austria 1994 dann doch über die Liste des System-Rebellen und langjährigen Arbeiterkammer-Präsidenten Fritz Dinkhauser den Weg in die etablierte Politik und den Tiroler Landtag gegangen, hat sich aber nach einem Streit mit seinem „Bürgerforum Tirol" dann bald am Rand des Establishments wiedergefunden.

Am Anfang ist „Betroffenheit". Das beste Beispiel dafür liefert die „Aktion 21" in Wien, eine Kooperationsgemeinschaft etlicher Bürgerinitiativen. Ihre Galionsfigur Herta Wessely mutierte in der Wiener Tageszeitung „Die Presse" 2010 flugs zur „Grande Dame des Bürgerprotests". In dem 2009 erschienenen Buch „Raus aus der Sackgasse"[25] schildert sie ihre ursprünglichen Beweggründe. Am Anfang war auch ein „Gerücht": „[…] dass das Grundstück vor meinem Wohnhaus verbaut werden sollte. Die Gemeinde Wien hatte das 1871 erbaute Haus und Grundstück mit 1800 m² Garten 1970 erworben." Wessely begann 1991 Unterschriften gegen die Verbauung zu sammeln, brachte ständig wechselnde Anschläge am Gartentor an, sammelte Informationen und Statistiken zum Bezirk Margareten, kontaktierte Medien und Bezirkspolitiker, ließ sich beim Besuch einer Sitzung der Bezirksversammlung von den Schreiduellen dort zwar schockieren, aber nicht einschüchtern, lud alle Bezirksvertreter zu „Brot und Wein" vor Ort zu Diskussionen mit den Anrainern ein und musste zur Kenntnis nehmen, dass vor allem die Vertreter der SPÖ auf der geplanten Schleifung des Altbaus und der Errichtung einer neuen Wohnanlage, Fällen der Bäume und Verbauung des Gartens inklusive, beharrten. Wessely setzte sich zwei Monate lang täglich mit Informationsmaterial vor „ihren Garten" und sammelte Unterschriften – 1800 alles in allem. Die Anlage wurde nicht gebaut.

Gegen Ende 2003 wurde sie wieder auf den Plan gerufen, als das Garagenprojekt Bacherpark vor der Realisierung stand. Im März 2004 wurde Wessely Sprecherin der Bürgerinitiative gegen den Bau. Darüber schreibt sie: „Nun war ich zwar nicht mehr persönlich betroffen – der

Bau der Garage hätte meine Lebenssituation nicht verändert –, aber die Erfahrungen, die ich aus meiner ersten Initiative gesammelt hatte, hatten mich davon überzeugt, dass es notwendig ist, wachsam zu verfolgen, was in meiner Umgebung geschieht. Sehr bald wuchs in mir die Überzeugung, dass auch über mein Grätzel hinaus mehr Bürgerbeteiligung notwendig wäre."[26]

Dann war da, in Anlehnung an die internationale „Agenda 21", die von oben verordnete „Lokale Agenda 21" der Gemeinde Wien. 1992 hatten 172 Staaten auf der UN-Konferenz für Umwelt und Entwicklung in Rio de Janeiro ein Programm für nachhaltige Entwicklung beschlossen, das irgendwie zur Leitlinie öffentlichen Handelns auch auf kommunaler Ebene werden sollte. In Wien merkten Wessely und ihre Mitstreiter bald, dass die Mitarbeit von Bürgerinitiativen dort nicht willkommen war. In ihrem Bezirk Margareten erwies sich, so schreibt Wessely, die „Agenda 21" als „völlig untaugliches Instrument für die Bürgerbeteiligung": „Nur Gruppen, die die mehrheitlich mit politischen Mandataren besetzte Steuerungsgruppe unter dem Vorsitz des Bezirksvorstehers für wünschenswert erachteten, wurden zugelassen."

Also war der nächste – in der Gesamtschau der großen demokratiepolitischen Erneuerungserfordernisse kleine – Schritt notwendig: die Gründung des Vereins „Aktion 21", der Zusammenschluss Dutzender Bürgerinitiativen. Damit sollte eine Plattform geschaffen werden, „um Bürgeranliegen mehr Nachdruck und mehr mediale Präsenz zu verschaffen, und ein gesetzlich festgeschriebenes Recht auf Bürgerbeteiligung zu erreichen", so Wessely in ihrem Motivationsbericht.[27]

Was immer daraus wird, wie effektiv auch immer der Verein sein wird, Wessely hat jedenfalls alle Schutzbehauptungen für politische Passivität bereits widerlegt: „Man muss es wenigstens versucht haben." Das Argument, „die da oben machen eh nur, was sie wollen", lässt sie nicht gelten. Sie wolle ihren drei Enkelkindern vorleben, dass man kritisch sein, alles hinterfragen, sich einmischen müsse und nicht alles akzeptieren dürfe.

Das gilt für Bürgerinitiativen im gleichen Maß wie für Mitarbeit auf welche Weise immer für das Politische in Österreich. Herta Wesselys Schubkraft zur Aktivität kam von der ganz persönlichen, ja von einer „hautnahen" Betroffenheit, um ihren Garten und ihre Bäume zu retten; und in der Folge von der Erkenntnis, dass der Umgang der Behörden und Politiker mit dem Anliegen der Bürger so nicht akzeptabel sei.

Für Wolfgang Bauer, der vor Kurzem die Initiative „Verwaltungsreform-jetzt!" ins Leben gerufen hat, kam der Antrieb aus Ärger: über eine aus seiner Sicht ruinöse Symbiose von Politik und Medien, über die Kampfrhetorik bei politischen Entscheidungen und die permanente Einteilung in Sieger und Verlierer, über die mediale Akzeptanz von „Chuzpe" (Unverschämtheit) und „Schmähtandelei" der Politiker, über die Vernachlässigung sachlicher Information über die Bedeutung dieses und jenes Beschlusses für die Bevölkerung, über Desinformation generell und über den „Schlendrian zu Lasten Dritter", also aus dem Ärger über Verschwendung von

Steuergeldern. Es war also der Zorn über die Medien, allen voran über den Staatsbetrieb ORF, als Handlanger der Politik, der den Betriebswirt Bauer – nach einer Banklaufbahn in den Bereichen Risikobeurteilung, Sanierung, Effizienzentwicklung – zusammen mit Freunden und Familie, zwei Brüder und zwei Söhne mit eingeschlossen, angetrieben hat. Sein Motiv, aktiv zu werden, beschreibt er so: „Da ich in Pension bin und Zeit aufbringen kann, sah ich mich in Anbetracht dieser Situation nicht mehr in der Lage, nichts zu tun. [...] Wenn man als Mensch mit wirtschaftlicher Ausbildung und Berufserfahrung in Effizienzentwicklung dann noch die Schulden- und Zinsenbeträge der öffentlichen Hand und die hohe Steuer- und Abgabenbelastung sieht und den Politikern zuschaut, wie sie mit fremdem Geld bedenkenlos unverschämt und selbstherrlich umgehen, dann will man etwas in Gang setzen. Wissend, dass man scheitern kann, aber man muss es versuchen." Klingt wie ein Echo des Credos von Herta Wessely.

Zu seiner Verwunderung traf Wolfgang Bauer selbst bei jenen, die lauthals eine Staatsreform verlangen und verlangt haben, mitunter bestenfalls auf wohlwollendes Desinteresse. Nicht einmal der ehemalige Rechnungshof-Präsident und Vorsitzende des Österreich-Konvents zur Staatsreform, Franz Fiedler, konnte offenbar dazu überredet werden, in irgendeiner Form aktiv zu werden.

Möglicherweise hat er sich vom Credo des Bankfachmanns i. R. abschrecken lassen: Der Schlendrian untergrabe die Moral in Österreich, es sei Zeit zur Umkehr, die aber „einer großen, fast übermenschlichen Kraftanstrengung der Vernünftigen in diesem Land" bedürfe. Vielleicht fällt es Fiedler nach seiner jahrzehntelangen Tätigkeit im Nahbereich der Politik, von den Zeiten als Klubsekretär der ÖVP bis zum obersten Kontrollor, schwer, den guten Glauben der Initiative zu teilen, dass es trotz „der schlechten Angewohnheit, nur mehr in den parteipolitischen Tag hinein zu leben", in „manchem Politiker noch einen guten Kern gibt". Dieser warte nur darauf, „durch massiven Druck aus der Bevölkerung freigelegt und wirksam gemacht zu werden."[28]

Vorschläge für Reformen lägen genügend vor, es fehle nur an der Umsetzung, worauf eben Druck auszuüben sei. Korrekt haben Bauer & Co. erkannt, dass es um die Vernetzung der Verärgerten geht, um einen gewissen Schneeballeffekt zur Überwindung der politischen Trägheit.

Auch diese Initiative läuft auf ein Volksbegehren hinaus. Von der Kompliziertheit einer solchen Unternehmung – im Sinne von „etwas unternehmen" – sollte sich kein Bürger abhalten lassen. Allerdings müsste er, wie im Fall der Verwaltungsreform, beachten, dass in dieser schnelllebigen Zeit markante Sprüche unbedingt erforderlich sind. Wenige Bürger sehen sich gerne mit Sprache und Fakten konfrontiert, die sie nicht ganz verstehen und die ihnen das Gefühl geben, für die Materie nicht intelligent genug zu sein. Dieses Gefühl erzeugt Unlust und hält von jedem Engagement ab: Staatsquote, Zinszahlungen, Altschulden, Strukturreformen, Abgabenfinanzierung etwa sind Killerwörter – also solche, die jede Aufmerksamkeit töten und ein Gefühl der persönlichen Betroffenheit erst gar nicht aufkommen lassen.

Die Forderungen der Betreiber jedes „privaten" Volksbegehrens – und nur solche wären der demokratiepolitischen Hygiene willen wünschenswert – sollten zahlenmäßig reduziert und griffig formuliert sein. Mit dem Wunsch nach Abbau der Privilegien würden Interessierte sicher mehr anfangen als mit einem „quantifizierbaren Aktionsplan" oder Kürzeln wie WIFO (Wirtschaftsforschungsinstitut) oder IHS (Institut für Höhere Studien).

Ohne Zweifel, solche Unterfangen sind mühsam. Es müssen Regeln des politischen Marketings beachtet werden; man muss sich über die effektivsten Methoden informieren etc. So sollten bei Forderungen nur ungerade Zahlen verwendet werden. Psychologische Studien kennen das Phänomen: Ungerade Zahlen bleiben beim Leser / Konsumenten eher haften als gerade Zahlen. Drei oder Fünf erregen mehr Aufmerksamkeit als höhere Zahlen und man erinnert sich eher daran. Ist es von einem veränderungsbewegten Bürger zu viel verlangt, sich einige Grundregeln anzueignen?

Bauer jedenfalls hofft auf „Tausende Gleichgesinnte", denn die Initiative soll Politikern zeigen, „dass es sehr viele Wähler gibt, die ein effizient organisiertes, privilegienfreies Österreich wollen, in dem es sich frei durchatmen lässt und das der Jugend eine Chance gibt".

Die Hoffnung stirbt zuletzt, wie ein Gemeinplatz besagt. Bei all den vielfältigen Möglichkeiten von Internet, Facebook, Twitter, etc. taucht nämlich eine nationale Schwäche auf: Beharrlichkeit. Ausdauer im Politischen ist der Österreicher Sache nicht. Das zeigt sich zum Beispiel bei der Initiative von „SOS Mitmensch" & Co. „Machen wir uns stark". Sie hatte mit einer Kundgebung in Wien am 18. September 2010 stark begonnen, obwohl sie von diversen politischen Gruppen des linken Spektrums dort vereinnahmt worden war.

Im Jänner 2011 wollte aber Unterstützerin Doris Klimek auf der Facebook-Seite der Aktion wissen: „Was wurde aus ‚Machen wir uns stark'? Gibt es neue Pläne? In der Info steht immer noch 18. September 2010. War's das?" Vier Wochen später hat sich noch immer niemand gefunden, der ihr geantwortet hätte, was schlagartig allen anderen Interessierten signalisieren musste, dass die Facebook-Seite unbetreut im Netz herumliegen muss.

Dabei hat die Aktion durchaus prominente Unterstützer wie Ute Bock, Ariel Muzicant, Hans Staud oder Barbara Stöckl und wies im Februar einen Spendenstand von 36.241 Euro aus.

Auch im Motivationstext steht viel Wahres, selbst wenn einige Passagen jene nicht ansprechen, die prinzipiell Gutmenschen negativ begegnen. Aber gegen Sätze wie die folgenden wird wohl kaum jemand etwas einzuwenden haben: „Österreich ist schön, reich und ziemlich bunt. Es ist ein vielfältiges Land und das ist gut so. Darauf kann man etwas aufbauen. Ändern wir doch die Dinge, die schieflaufen: in der Schule, am Arbeitsmarkt und beim Zusammenleben." Oder: „Machen wir uns stark. Für eine lebendige Demokratie, in der etwas weitergeht, für eine Politik, die Chancen nutzt und Probleme angeht." Nur muss es dann eben jemanden geben, der sich darum kümmert, dass auch beim eigenen Anliegen „etwas weitergeht"; der die Chancen der neuen Technologien auch nachhaltig dafür nützt. Nach acht Monaten wurde eine weitere Kundgebung der Plattform angesetzt. Das kann unter Nachhaltigkeit nicht zu verstehen sein.

Anderswo werden diese Mittel eingesetzt, um sich Freiheit erst zu erkämpfen. In Österreich wäre nicht mehr erforderlich als die Überwindung starrer Denkmuster. Ein neuer Zugang zum „Politischen" ist zudem noch leicht zu finden. Es muss nur die Kette der Ausreden bewusst zerbrochen werden, die ungefähr so verläuft und das Denken selbst von durchaus interessierten Bürgern beschwert: Die durch das Wahlrecht erzwungene Regierungsform der Koalition gibt den politischen Parteien, in welcher Kombination immer, die Chance auf permanente Ausrede; das unter ganz anderen historischen Voraussetzungen 1920 in der Verfassung festgeschriebene Übergewicht der Bundesländer erleichtert der Bundesregierung die Ausrede auf den Föderalismus – und beide Faktoren zusammen geben den Bürgern den Vorwand zur Passivität.

Abgesehen von der wünschenswerten Umstellung auf ein Mehrheitswahlrecht, das klare Verantwortungen zwischen Regierung und Opposition bringen würde, wäre nur eine neue Herangehensweise geboten: Statt unendlich viel Energie in die Analyse dessen zu investieren, was in der Politik in Österreich alles falsch läuft und wie viele Fehler Politiker machen, sollte besser überlegt werden, welche Mitarbeit in welcher Form zur Verbesserung der Zustände von den Bürgern selbst zu leisten wäre.

In Österreich sind auf allen Ebenen der Gesellschaft, Bürger, Politik, Wirtschaft inkludiert, viel zu viele Menschen damit beschäftigt, das Unmögliche zu orten und zu definieren: Jeder scheint zu wissen, was warum nicht geht, nie gegangen ist und auch nicht denkbar ist. Mit dem gleichen Ausmaß an Energie für das Mögliche ließe sich die Sorge um die Entwicklung der Demokratie schlagartig verringern.

Dazu wären nicht einmal große Kraftanstrengungen notwendig, keine Überwindung irgendwelcher mysteriöser Hürden, keine Totaländerung des Systems. Unerlässlich dafür wäre nur die Bereitschaft zum Umdenken. Dass Fortschritt und Weiterentwicklung nur nach Verlassen der sogenannten „comfort zone" möglich sind, wie es im Englischen heißt, kann als gesicherte Weisheit gelten. Man kann es mit „Aufgeben der Bequemlichkeit" übersetzen und damit das Verlassen ausgetretener Pfade, das Abschütteln des Vertrauten von Zeit zu Zeit, meinen.

Österreichs Zivilgesellschaft ist jedenfalls an einer Wegkreuzung angelangt. Immer öfter melden sich Alarmisten zu Wort und zitieren zur Bestätigung die schon mehrmals erwähnte Studie zum Wertewandel[29]: Folgt man den Ergebnissen der Untersuchung, so landet man wieder bei der gefährlichen Kombination von Unsicherheit, Mangel an Selbstvertrauen und Missachtung demokratischer Spielregeln. Seit 1999 habe der Zusammenhang zwischen negativem Lebensgefühl und dem Hang zu einer autoritären Alternative merklich zugenommen. Wenig überraschend ist jedoch, dass Demokratie-Skeptiker oder Vertreter einer Law-and-Order-Politik zu 60 % einen Hang zu einem autoritären Regime zeigen.

Die Zukunft des Landes hängt aber sicher nicht von jenen 21 % der Bevölkerung ab, die in den erwähnten Umfragen und der Wertestudie einer „autoritären Versuchung" erliegen könnten; auch nicht von den Taten, Untaten oder Unterlassungen der Parteien und Politiker. Sie wird vielmehr vom Verhalten der Mehrheit seiner Bürger bestimmt werden. Es ist die Einstellung der Gesamtbevölkerung, die ein Multiorganversagen der Demokratie verhindern kann. Dieses wäre dann zu befürchten – und historische Beispiele zeigen das –, wenn es zu einem unglückseligen Zusammentreffen von existenzieller wirtschaftlicher und sozialer Krise in international unsicheren Zeiten kommt und die demokratischen Spielregeln von Macht und Kontrolle per Zufall zu diesem Zeitpunkt nicht mehr gelten. Autoritäre, sogar totalitäre, Veränderungen sind schon bisher auf der Basis demokratischer Abläufe möglich gewesen. Auch der Weg ins Dritte Reich Nazi-Deutschlands begann mit einer demokratisch völlig korrekten Wahl.

Deshalb ist es so wichtig, die Aufmerksamkeit der Öffentlichkeit auf die sukzessive Schwächung der Demokratie in Österreich zu lenken. Es gilt die Blicke dafür zu schärfen, die Hellhörigkeit zu stärken. Allein, schauen, hören und handeln müssen die Bürger selbst. Sie tragen die Verantwortung dafür, ob ein Ruck durch das Land geht, der die Fundamente des demokratischen Gebäudes nicht weiter erschüttert, sondern wieder festigt.

Ob sie diese Verantwortung wahrnehmen oder nicht, ob sie sich der Mühe eines Umdenkens unterziehen oder nicht, ob sie sich einen Stoß zur Einmischung in ihre eigenen Angelegenheiten geben oder nicht – sie müssen mit dieser Verantwortung leben. Ob sie es wollen oder nicht, niemand nimmt sie ihnen ab. Sollte die Liebe zur eigenen Machtlosigkeit größer sein als „die Sehnsucht nach einer Demokratie, die nicht vor lauter Sachzwängen den Sinn für die individuelle und die kollektive Existenz verloren hat", wie Oliver Marchart schreibt, dann werden die Österreicher „Opfer" bleiben[30]. Aber auch dafür haften sie selbst.

Sollte Facebook verboten oder ein Gesetz verabschiedet werden, das die Pension für alle ab Jahrgang 1990 streicht, dann würden die Jungen und Jüngeren in Österreich ihre Enttäuschung und ihren Protest sicht- und hörbar machen, glaubt jedenfalls eine junge Akademikerin. Vorher nicht?

In Österreich leben, so scheint es, die Unter-30-Jährigen offenbar auch in einem „bubble", einer Blase also, durch die sie die Veränderungen in der „Welt draußen" nur schemenhaft wahrnehmen – jedenfalls jene, die nicht zu den Verlierern der gegenwärtigen Bildungspolitik zählen. Der Leidensdruck ist nicht so groß, dass sie sich im Aufbegehren ein Ventil verschaffen wollten: Sie finden Arbeit, wenn auch nicht gleich, wenn auch nicht befriedigend, so doch innerhalb einer erträglichen Frist. Sie gehen vielleicht von Job zu Job, aber das Leben geht sich irgendwie aus, wenn das soziale Netz hält und die Familie etwas Sicherheit beisteuert. Sie machen, was ihnen geraten wurde: Praktika, Weiterbildung, Selbstfindungsübungen, Massenbewerbungen. Aber zu jener außergewöhnlichen Anstrengung, die sie im Vergleich zu den „Hungrigen" ihrer Generation anderswo konkurrenzfähig machen würde, sind die wenigsten bereit.

Sie konzentrieren sich auf sich selbst, bezeichnen sich als Generation „Ego" oder „Scheiß drauf", fühlen sich nicht bedroht und vermögen nicht einzusehen, warum sie Zeit und Energie darauf verwenden sollten, ein System zu ändern, dem sie zwar nicht besonders vertrauen, das ihnen aber vertraut ist und auf das sie im Grunde noch immer vertrauen (möchten). Die meisten haben es sich in der Blase bis jetzt ganz gut eingerichtet und investieren nur in sich.

Allein, es liegt in der Natur jeder Blase, dass sie einmal platzen wird. Was dann? Deshalb ist das Desinteresse am politischen Geschehen, das viele Studenten und Jungakademiker offen eingestehen, so brandgefährlich. Wer heute in Distanz zum Politischen lebt, wird in Zeiten einer wirklichen Krise auch im Protest nichts mehr erreichen. Wer nicht glauben will, dass aufgrund der starken Veränderungen, die sich weltweit abzeichnen, eigentlich das Ende der Gemütlichkeit für die künftige Generation angesagt ist, der betreibt Wirklichkeitsverweigerung.

In Wahrheit müssten sich die jungen Menschen heute ganz stark im Politischen einbringen und nicht darauf warten, bis ihre Zukunftsangst stärker ist als ihre Angst vor den Nachteilen ihres Aufbegehrens. Ihr Protest dürfte sich nicht darin erschöpfen, bei Wahlen Denkzettel zu verteilen, das konnten die Eltern auch, sondern sie müssten hier und jetzt jene Reformen im System erzwingen, die ihre eigene Zukunft wirtschaftlich und finanziell absichern könnten. Stichwort: Stopp der Vergeudung von Steuergeld und der Anhäufung von immer mehr Staatsschulden. Das derzeitige Desinteresse an allem und jedem, das sie nicht unmittelbar betrifft, könnte sich später bitter rächen.

Sobald es zu einer noch größeren Krise kommt als jener, aus der sich alle jetzt wieder herauszureden versuchen, werden die Jungen der bildungsnahen Schichten nicht nur merken, was sie verschlafen und versäumt haben, sondern sie werden auch noch mit einer Zweiteilung ihrer Generation konfrontiert sein. Die Jugendlichen der bildungsfernen Schichten haben heute schon einen viel höheren Leidensdruck, der sich dann stärker entladen wird.

Vielfach herrscht heute unter jungen Menschen die Meinung vor, man werde sich schon aufbäumen, „wenn man nichts mehr zu verlieren hat"; wenn irgendwo eine Identifikationsfigur aus dem Nichts auftaucht; wenn irgendwer außerhalb der herrschenden Parteipolitik eine Plattform gründen sollte; wenn der Punkt gekommen ist, an dem man alles gegeben und doch nichts erreicht hat; wenn es nicht mehr nur um Abstriche der eigenen Pläne, sondern um existenzielle Aussichtslosigkeit geht. Bis dahin aber verhält man sich so „brav", wie es in Österreich erwartet wird – und verweist darauf, dass hierzulande nicht einmal der studentische Aufschrei „Die Uni brennt" des Jahres 2009 etwas gebracht habe. Eben.

Jetzt wäre das Engagement notwendig, Reformwünsche jeder parteipolitischen oder ideologischen Geiselnahme zu entziehen. Und diese Wünsche nachhaltig zu vertreten. Nachhaltigkeit aber ist der Feind der Gemütlichkeit. In Wahrheit dient jedoch die Vereinnahmung aller Protestströmungen in Österreich wieder nur als Ausrede für das Nicht-Engagement. Das ist ein Grundübel, das nur die Jungen ausmerzen können.

Wollen sie wirklich warten, bis der Wohlfahrtstaat zusammenbricht; der Wohlstand, den sie kennen, nicht mehr leistbar ist; die Arbeitslosigkeit nicht mehr finanziert werden kann; der Leidensdruck zu groß wird; ein gemeinsames Feindbild auftaucht, gegen das sogar eine inhomogene Gruppe mobilisieren kann – mit einem Wort: bis es zu spät ist? Aber es geht nicht um Massenproteste später, sondern um Beteiligung am Politischen jetzt und darum, mit den Machtträgern in eine Diskussion zu treten, sie zum Dialog zu zwingen. Das geht aber nur, wenn man Zeit und Kraft in den öffentlichen Raum investiert. Beides glauben auch diejenigen, die nicht so um ihre Existenz kämpfen müssen, wie die Jungen der bildungsfernen Schichten, nicht zu haben.

Der Kolumnist der „New York Times", David Brooks, schrieb Ende Mai 2011 den Studenten ins Tagebuch: „It's not about you" – „Es geht nicht um Euch"[31]. Es geht um Euch als Generation und um die Gesellschaft, in der ihr leben wollt.

ENDNOTEN

[1] „Die Österreicher / -innen. Wertewandel 1990–2008". Hrsg. von Regina Polak, Ursula Hamachers-Zuba, Christian Freisl. Czernin, Wien 2009

[2] Alarmsignale für die Demokratie, IMAS-Studie vom 25.11.2010

[3] Ludwig Adamovich in „Tiroler Tageszeitung" vom 1.10.2010

[4] Gerhard Holzinger laut APA 1.10.2010

[5] Anneliese Rohrer „Quergeschrieben". In „Die Presse" vom 12.10.2010

[6] Daniel Lehner „Politik unter postdemokratischen Bedingungen". In: www.diezukunft.at vom 10.5.2010

[7] Weis, Hans: Schwarzbuch Landwirtschaft. Deuticke, Wien 2010

[8] Bgm. Mag. Ernst Schöpf, Präsident des Tiroler Gemeindeverbandes, in einem Rundschreiben an alle Tiroler Gemeinden vom 18.11.2010

[9] Ludwig Adamovich in „Tiroler Tageszeitung" vom 1.10.2010

[10] Menasse, Robert: Erklär mir Österreich. Suhrkamp, Frankfurt a. Main 2000

[11] Vergl. „Die Presse" vom 6. und vom 8.11.2010

[12] Anton Pelinka in „Neue Zürcher Zeitung" vom 27.1.2011

[13] Thomas Assheuer „Nichts, worauf wir bauen können". In: „DIE ZEIT online" vom 1.11.2010 (DIE ZEIT, 21.10.2010, Nr. 43)

[14] Marchart, Oliver: Die politische Differenz. Suhrkamp, Berlin 2010

[15] Siehe Endnote 2, Alarmsignale

[16] Lessing, Doris: Prisons we choose to live inside. Anansi, Toronto 1986

[17] Interview mit Petra Velten, Professorin für Strafrecht in Linz, in „Kleine Zeitung" vom 20.12.2010

[18] APA-Meldung laut „Die Presse" vom 22.10.2010: „Nationalstolz". Umfrage, durchgeführt vom Zentrum für Zukunftsstudien, Salzburg. Studienautor: Reinhold Popp

[19] Bernd Schilcher in „Der Standard" vom 25. / 26.11.2010

[20] Peter Kampits in: Busek, Erhard (Hg.): Was haben wir nur falsch gemacht? Kremayr & Scheriau, Wien 2010

[21] Ebenda

[22] „Kronen Zeitung" vom 14.11.2010

[23] „Kleine Zeitung" vom 10.2.2011

[24] Siehe Endnote 1, Wertewandel

[25] Wessely, Herta: Raus aus der Sackgasse. Hrsg. von Aktion 21 – pro Bürgerbeteiligung, Sonderzahl, Wien 2009

[26] Ebenda

[27] Ebenda

[28] Alle Zitate von Wolfgang Bauer aus der Website www.verwaltungsreform-jetzt.at

[29] Siehe Endnote 1, Wertewandel

[30] Siehe Endnote 14, Differenz

[31] New York Times vom 30.5.2011

Anneliese Rohrer

„Die Doyenne der innenpolitischen Publizistik" (Falter) gehört zu den profiliertesten JournalistInnen Österreichs und gilt als eine der besten KennerInnen österreichischer Innenpolitik. Die 1944 in Wolfsberg/Kärnten geborene, studierte Historikerin begann ab 1974 ihre journalistische Laufbahn als Redaktionsmitglied bei der Tageszeitung „Die Presse". Von 1987 bis 2005 leitete sie zunächst das innenpolitische, dann das außenpolitische Ressort. Nach einem Intermezzo als Kolumnistin für den „Kurier" kehrte sie 2009 als Kolumnistin zur „Presse" zurück. 2005 erschien die scharfzüngige Analyse *Charakterfehler – Die Österreicher & ihre Politiker* (Ueberreuter).